KB209879

ROLEPLAYING FACILITATION

참여와 몰입의 기술

롤플레잉 퍼실리테이션

최대헌 · 오진아 공저

학지사

  롤플레잉(역할놀이)을 한마디로 말한다면 '상황과 관계에 따른 다양한 역할이 되어 그것의 세계로 들어가는 짧고 강렬한 경험'이라고 할 수 있다. 그 세계는 낯설지만 한편으로는 어딘가 익숙한 세계이다. 왜냐하면 내가 이제까지 살면서 한 번쯤은 보고 들었던(간접적으로 경험했던) 세계이기 때문이다. 지금 여기에 있는 '나'는 구직 중인 청년이 아니고, 주민들과 갈등 중인 공무원이 아니고, 육아와 일을 병행하는 여성이 아니고, 혼자 사는 노인이 아니다. 그러나 롤플레잉에서는 설정된 상황에 따라서 나는 그 청년이 되고, 그 공무원이 되고, 그 여성이 되고, 그 노인이 된다. 그들이 각각 어떤 역할을 하는지 알려고 노력하기 때문이다. 낯설음과 익숙함의 공존! 이런 롤플레잉의 매력 때문에 누구나 연습 없이 가상 역할에 빠져들 수 있다.

  롤플레잉을 하는 동안에 '나'는 '그'가 되어 말한다. 이때 '그'가 하는 말은 그가 처한 상황에서 나올 법한(누구나 흔히 떠올릴 수 있는) 말이면서 동시에 내가 창조해 낸 말이다. 따라서 같은 역할이라도 누가 그 역할을 맡느냐에 따라서 그 역할자의 말과 행동은 다를 수밖에 없다. 롤플레잉에서는 주제와 등장인물이 같더라도 매번 다른 장면이 만들어진다. 이것이 롤플레잉의 두 번째 매력이다.

다른 사람의 역할 속에 머물러 보는 경험은 머리(인지적)가 아닌 정서적으로 '그'를 이해하도록 만들어 준다. 역할을 맡은 참여자들은 롤플레잉을 하는 동안에 끊임없이 '그'가 되어 생각하고 느끼고 말하고 행동한다. 역할에 몰입할수록 '그'에 대해 연민을 갖게 되고 더욱더 '그'를 대변(연기)하고 싶은 마음이 든다. 롤플레잉이 끝난 뒤에 내가 '그'에 대해 갖게 되는 생각은 그 전과는 달라져 있다. 평소 같으면 이해할 수 없었던 것들이 '그럴 수도 있겠다.'라는 수용적 태도로 변하게 된다. '그럴 수도 있겠다.'라는 것은 내가 그의 생각에 동의한다는 말과는 다르다. 나는 여전히 그의 생각과는 다르지만 '어떻게 그렇게 생각할 수가 있어?'가 아니라 '그렇게 생각할 수도 있구나.'가 되어 그를 인정한다는 것이다. 타인에 대한 태도 변화야말로 롤플레잉의 가장 큰 매력이라고 할 수 있다.

그동안 롤플레잉은 주로 심리극(psychodrama)이나 사회극(sociodrama)에서 활용되었기 때문에 전문적인 진행자만이 할 수 있는 기법으로 인식되어 왔다. 이 책을 쓴 최대헌은 오랫동안 대학과 상담교육 현장에서, 오진아는 시민교육 현장에서 롤플레잉을 활용하면서 '더 많은 사람이, 더 많은 현장에서, 더 쉽게 롤플레잉을 활용할 수는 없을까?'라는 고민을 해 왔다. 이 책은 바로 그러한 고민과 실천의 결과물이다.

롤플레잉 퍼실리테이션은 '롤플레잉을 활용하여 참여자들의 상호작용을 촉진함으로써 집단의 목표에 도달하도록 돕는 방법'을 말한다. 이 책의 1장에서는 모레노의 역할론을 비롯해서 라이프밸런스, 자기결정성, 감각기억 등 롤플레잉의 이론적 배경을 설명한다. 2장에서는 롤플레잉을 활용한 극적 방법의 유형들을 소개하고 진행자가 가져야 할 원칙을 설명한다. 3장에서는 교육이나 워크숍에서 롤플레잉을 활용해 참여자들을 촉진하는 롤플레잉 퍼실리테이션의 개념과 효과, 진행 단계 등을 설명한다. 4장에서는 롤플레잉의 3대 기법을 중심으로 30가지 활용 방법과 소시오메트리, 브레인스토밍, 마인드맵, 비주얼씽킹 등 롤플레잉 퍼실리테이션에서 활용하는 기법들을 함께 설명한다. 마지막으로, 부록에서는 소셜디자이너두잉에서 진행했던 롤플레잉 퍼실리테이션 진행 사례를 넣어 실제 현장에서 롤플레잉 퍼실리테이션이 어떤 방식으로 진행되는지 참고할 수 있도록 하였다.

이 책을 읽는 방법은 크게 세 가지이다. 롤플레잉을 모르거나 좀 더 알고 싶은 사람은 처음부터 읽는 것이 좋다. 롤플레잉을 알고 있는 사람은 3장 롤플레잉 퍼실리테이션부터 읽으면 된다. 저자로서 의견을 드린다면 1장부터 차근차근 읽으면서 롤플레잉의 토대를 이해하면 롤플레잉 퍼실리테이션을 진행하는 데 훨씬 도움이 될 것이다. 특히 기법에 관심이 많은 사람은 30가지의 기법만으로도 풍성한 롤플레잉을 진행할 수 있다. 이 책이 다양한 교육 현장에서 롤플레잉 퍼실리테이션의 가이드북으로 활용되길 바란다.

2025년 1월

최대헌, 오진아

롤플레잉 퍼실리테이션 · 49

롤플레잉 퍼실리테이션 기법 · 99

롤플레잉 퍼실리테이션 진행 사례 · 127

Chapter 1

롤플레잉의
이론적 배경

1. 역할론   2. 라이프밸런스   3. 자기결정성   1. 4. 감각기억

개요

롤플레잉은 모레노(J. L. Moreno, 1889~1974)의 역할론을 중심으로 라이프밸런스, 자기결정성, 감각기억을 이론적 배경으로 한다.

- 역할론은 롤플레잉에서 역할의 개념과 의미를 설명한다.
- 라이프밸런스는 자신을 돌보는 자기책임성과 이웃과 함께 살아가는 공동창조성의 균형감을 의미한다.
- 자기결정성은 외부와 내부의 처벌과 보상 때문이 아니라 스스로 만드는 즐거움과 흥미의 내적동기로 과업에 몰입하는 것을 의미한다.
- 감각기억은 다양한 역할을 감각적으로 경험하는 과정이 학습효과에 미치는 과학적 근거를 제공한다.

따라서 롤플레잉은 단순히 역할을 배우는 것이 아니라 전인격적 존재로서 필요한 역할을 인식하고 내적동기로 학습된 역할을 일상생활에서 실천하는 것이 목적이다.

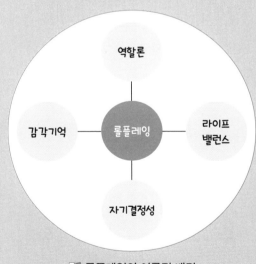

🔳 롤플레잉의 이론적 배경

1 역할론

모레노는 "타인의 내재화된 이미지를 통해서 나 자신을 아는 것이 역할론"이라고 정의하였다. 사람은 태어나서 죽을 때까지 '관계' 속에서 살아간다. 처음 경험은 엄마의 태내에서 태아로 시작하여 출생하면 아기가 되는 것이다. 그리고 기존의 가족에게 다양한 호칭으로 역할을 부여받는다. 성장을 하면서 가족의 범위를 넘어서서 학교, 지역사회, 직장 등 다양한 상황에서 역할을 부여받거나 선택하기도 한다. 이와 같이 사람은 타인과의 관계 속에서 자신의 존재를 인식하고, 상황과 관계에서 필요한 역할을 수행하면서 살아가는 존재이다.

모레노는 역할 발달을 문화보존성–자발성–창조성이라는 순환적 과정이라고 설명하였다.

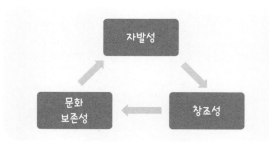

🔲🔳 역할 발달의 순환적 과정

이 순환적 과정을 생애발달의 예로 설명하면 다음과 같다.

태내에서 생성된 태아는 창조이면서 동시에 태아라는 문화보존성이 되고, 분만이라는 자발성의 과정을 거쳐야 영아로 창조된다. 동시에 영아라는 문화보존성으로 전환된다. 죽을 때까지 발달이라는 자발성으로 유아, 아동, 청소년 등 계속적으로 역할이 변화한다. 역할 발달은 자발성을 매개체로 창조성에서 문화보존성으로 다시 자발성을 거쳐 창조성으로 변화되는 순환 과정이다. 태어나서 죽을 때까지 모든 역할은 이러한 과정 속에 있다.

삶이란 나이, 가족, 직업, 신체 상태, 경제 상황, 사회문화, 질병 등 변화되는 상황과 관계에 따른 역할을 인식하고 필요한 역할로 살아가는 것이다.

필요한 역할을 창조하기 위해서는 역할 '역할 탐색 → 역할 목록 → 역할 맡기 → 역할 훈련'이라는 과정을 거쳐야 한다. 역할은 그냥 창조되지 않는다. 우리는 살아가면서 다양한 역할을 요구받지만, 준비를 하고 역할을 하지는 않는다. 대부분 첫 경험으로 실패와 성공이라는 담금질을 통해서 역할이 성숙되어 간다. 예를 들어, 결혼을 예로 역할이 창조되는 과정은 다음과 같다.

다음 역할 탐색
결혼으로 추가되
는 역할 탐색

역할 목록
임신, 출생, 양
육, 부양과 관련
한 역할 목록 작
성

역할 맡기
엄마, 아빠, 직업
인, 남편, 부인,
나, 며느리, 사위,
아들, 딸 등 관련
한 역할

역할 훈련
상황과 관계에
서 필요한 역할
경험과 역할 훈
련

역할 창조
가족 내 필요한
역할 수행

📱 역할 창조 과정(예: 가족 내 역할)

의료, 복지, 상담, 코칭, 교육 현장에서 롤플레잉을 적용하는 사례
가 늘고 있는데, 이는 "역할 이론과 개념은 일상생활, 집단 작업, 치
료적 상황에서 수단(tool)으로 기능할 수 있다"라고 한 모레노의 말
을 입증하는 것이다.

2 라이프밸런스

사람들은 누구나 나 돌봄, 가족관계, 대인관계, 집단관계, 자원관리라는 다섯 가지의 인생 영역에서 역할을 하면서 행복감을 느끼고자 한다. 이것은 선택이 아닌 살면서 경험하게 되는 영역들로 그 개념은 다음과 같다.

나 돌봄은 몸과 마음의 건강 그리고 교양과 직업을 위한 자기계발이다.

가족관계는 태어날 때 원가족을 통해서 세상을 만나고 자기 존재를 인식하게 되는 첫 번째 관계이다. 이후 새로운 가족을 만들면서 배우자, 부모 등의 역할을 하게 된다.

대인관계는 가족이 아닌 지역사회, 직장, 학교에서 만난 선배, 후배, 친구, 이웃 등 타인들과의 관계이다. 모든 사람은 가족관계에 머물지 않고 대인관계를 통해서 사회적 존재감을 인식한다.

집단관계는 원시시대부터 지금까지 사람들이 집단에 소속되어 살아가는 관계를 말한다. 생애 발달 과정에서 소속되는 집단은 다양해지고, 집단을 통해서 안전감과 소속감을 느낀다.

자원관리는 앞의 네 가지 영역에 영향을 미치는 것이다. 자원에는 경제, 시간, 나눔이 있다. 경제는 자본주의사회에서 생존과 삶의 질에 중요한 자원이다. 돈을 많이 버는 것도 중요하지만 수입과 지출

의 균형을 맞추는 것도 중요한데, 그것이 바로 경제관리이다.＊시간
은 누구에게나 주어지지만 시간을 활용하는 방법에 따라서 삶의 질
과 양이 달라진다. 주어진 시간을 잘 활용하여 삶을 건강하고 풍요
롭게 만드는 과정이 시간관리이다. 그리고 더불어 함께 살아가는
인간이기에 타인과 사회에 대한 이타적인 행동은 필수이다. 나눔은
이타성을 통해서 사회가 유지되고 약자가 보호받으면서 통합되는
중요한 자원이다. 내가 나눌 수 있는 시간, 금전, 재능, 신체를 타인
과 사회에 기여하는 것이 나눔관리이다.

건강한 삶이란 앞서 설명한 다섯 가지의 인생 영역에서 만족감의
균형과 아주 나쁘지 않은 다행감이 유지될 때이다. 이것이 라이프밸
런스 상태이다. 라이프밸런스를 유지하기 위해서는 자신을 돌보고
챙기는 자기책임성과 다른 사람과 함께 살아가기 위한 공동창조성이
필요하다.

자기책임성이란 느낌, 충동, 욕구를 조절하고 필요한 가치를 인식
하면서 미래를 설계하고 실천하는 능력이다. 공동창조성이란 타인과
사회를 도우려는 이타성, 공감, 배려, 의사소통 기술, 문제해결 기술
로 더불어 살아가는 능력이다.

새가 높이, 멀리, 오래 날기 위한 조건은 양쪽 날개의 균형이다.
자기책임성과 공동창조성은 역할 발달에 필요한 날개와 같다. 자기
책임성이 과도하게 높으면 자기보호가 강화되어 타인과 더불어 살
아가기 위한 공동창조성이 약화되어 균형이 깨어진다. 공동창조성
이 과도하게 높으면 나 돌봄이 결핍되어 가족관계 등 다른 영역에
부정적인 영향을 미친다.

따라서 나를 책임지면서 타인과 연결하려는 공동창조성이 발휘

될 때 건강하고 창조적인 삶이 된다.

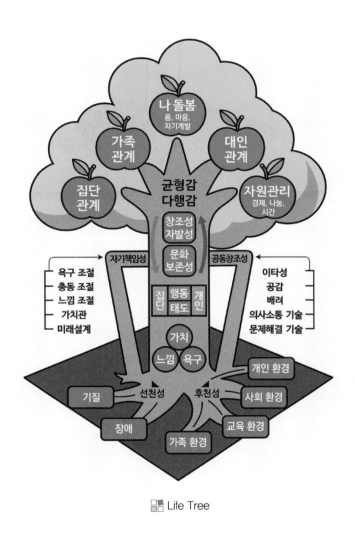

🔲 Life Tree

3 자기결정성

　자기결정성은 미국 로체스터대학의 에드워드 데시(Edward Deci)와 리처드 라이언(Richard Ryan)이 1975년에 제시한 이론이다. 인간의 가장 기본적인 욕구는 스스로 선택하고 행동하고 싶은 자율성이다. 외부와 내부의 처벌과 보상이 아닌 스스로의 즐거움과 흥미로 결정한 자발적 선택이 더 큰 힘을 발휘한다는 이론이다. 자발적 선택을 한 사람은 주어진 역할에 더 만족하고 그 역할을 더 잘 수행할 가능성이 높다.

　자기결정성에는 내재된 자율성 · 유능감 · 관계성 욕구의 충족 상태가 결정성에 영향을 미친다.

　자율성(autonomy) 욕구는 외부 통제나 간섭 없이 스스로의 행동을 자율적으로 선택하고 결정하는 욕구이다. 유능감(competence) 욕구는 과제를 효과적으로 통제하면서 성공적으로 수행하는 능력을 갖추고 싶은 욕구이다. 관계성(relatedness) 욕구는 의미 있는 타자와 관계를 맺거나 인정받고 싶은 욕구이다.

　세 가지 욕구를 만족하는 사람들은 내적 동기에 의해서 역할을 수행하는 자기결정성이 높은 상태이다. 세 가지 욕구에 대한 만족도가 높으려면 일상생활에서 자율성, 유능감, 관계성을 긍정적으로 경험할 수 있는 기회가 있어야 한다. 이것은 통제나 간섭으로 만들어질 수 없는 것이다.

　'공부를 하는 동기'를 에드워드 데시와 리처드 라이언의 자기결정
성 이론으로 설명하면 다음 그림과 같다.

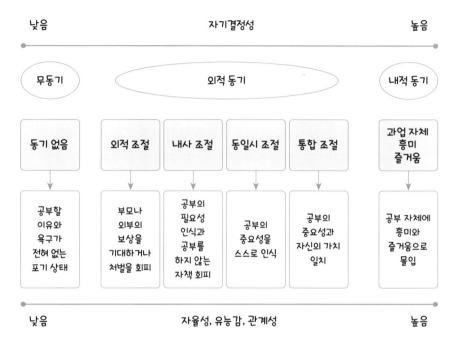

낮음　　　　　　　　　　　자기결정성　　　　　　　　　　　높음

| 무동기 | 외적 동기 | | | | 내적 동기 |

| 동기 없음 | 외적 조절 | 내사 조절 | 동일시 조절 | 통합 조절 | 과업 자체 흥미 즐거움 |

| 공부할 이유와 욕구가 전혀 없는 포기 상태 | 부모나 외부의 보상을 기대하거나 처벌을 회피 | 공부의 필요성 인식과 공부를 하지 않는 자책 회피 | 공부의 중요성을 스스로 인식 | 공부의 중요성과 자신의 가치 일치 | 공부 자체에 흥미와 즐거움으로 몰입 |

낮음　　　　　　　자율성, 유능감, 관계성　　　　　　　높음

🔲 자기결정성 단계(예: 공부를 하게 되는 자기결정성)

4 *감각기억*

　기억의 형태에 관해서는 1890년대 윌리엄 제임스(William James)가 최초로 일차기억, 이차기억으로 명명하였다. 오늘날에는 어떤 경험에 즉각적으로 뒤따라 생기는 기억을 단기기억 또는 작업기억이라고 하며, 특정 사건에 대한 지속적인 명시적 기억(일화기억) 혹은 사실에 대한 명시적인 일반적 지식(의미기억)을 장기기억이라고 한다. 그리고 단기기억이 장기기억으로 저장되는 데에는 높은 정서 경험이 영향을 미친다.

　정서 경험은 단순한 사고나 지각 등의 인지적 경험이 아니라 직전에 끝난 근육의 수축에서 유발된 감각이 저장되어 나중에 인출단서가 된다. 이것을 감각기억이라고 한다(James, 2012). 감각기억에 대해서 뇌과학자 안토니오 다마지오(Antonio Damasio)는 '신체표지가설'을 제안하면서 몸을 기반으로 하는 감정이 의식의 본질이라고 주장했다. 그는 자신의 저서인 『데카르트의 오류(Descartes' Error)』에서 "나는 느낀다, 고로 존재한다(I feel therefore I am)"라고 말하며 감각기억을 주장하였다. 입력된 정보가 실제 상황에 출력되기 위해서는 인지뿐만 아니라 몸에 저장된 감각기억에 의해서도 영향을 받는다고 하였다.

　감각기억의 특징들을 네 가지로 정리하면 다음과 같다.

① 감각기억은 약 0.5초에서 2초 정도의 짧은 시간 동안만 유지되고 빠르게 사라진다.

② 감각기억은 주의집중이 높으면 감각기억의 유지 기간이 더 길어진다.

③ 감각기억은 주의집중이 높은 정서 경험 과정을 거치면 작업기억으로 전환된다.

④ 감각기억은 작업기억을 통해서 장기기억으로 저장된다.

윌리엄 제임스의 기억 과정과 안토니오 다마지오의 신체표지가설을 자전거 타는 예로 설명하면 다음과 같다.

자전거를 타는 원리는 몸과 마음이 동시에 작동되어야 학습이 가능한 원리와 동일하다. 이 과정에서 기계를 통제하는 자부심과 성취감 그리고 자신의 의지로 빠른 속도감을 경험하는 쾌감 등 높은 정서 경험을 갖게 된다. 따라서 자전거를 오랫동안 타지 않고 시간이 경과한 후에도 다시 조금만 연습하면 자전거 타는 것에 금방 익숙해진다. 이것은 자전거를 배우는 과정의 실패와 성공을 반복하면서 경험한 정서들이 감각기억에서 작업기억화되고 장기기억으로 저장된 효과임을 알 수 있다.

정서 경험의 큰 요인인 감정과 감각기억이 저장되는 신체의 관계를 이해할 필요가 있다. 조지타운대학 교수 켄디스 퍼트(Candice Pert)는 "자신이 감당할 수 없는 감정으로 인해 유발된 억압된 외상은 신체 일부분에 저장되기도 한다. 그래서 우리가 신체 부위를 느끼고 움직이는 데 영향을 미친다. 경험한 감정 정보들은 신경펩티드를 통해서 돌아다니면서 각각 특별한 감정 정보와 결합되도록 되어 있는 수용체와 결합한다. 단순히 편도체, 해마, 시상하부 등 뇌의 중추신경에만 저장되어 있는 것이 아니다. 뇌와 신체는 환경과 지속적으로 상호작용하면서 특히 감각이 많이 결부되어 있는 경험일수록 더 잘 기억하게 된다."(Dayton, 2005)

앞의 설명에 따르면 자전거를 타기 위해서 감각 경험은 필수적이다. 이 과정에는 감정, 인지기능들이 동시에 작동되어야 하며 그러기 위해서 자각이라는 과정이 필요하다. 자각이란 지금 이 순간 일어나는 감각, 감정, 지각, 생각 또는 행동 등 모든 것을 경험하는 자연발생적이고 중립적인 것이다(Peter, 2010). 높은 정서적 경험일수록 자각 수준이 높다.

롤플레잉은 역할을 하면서 경험하는 감각과 느껴지는 감정, 그리고 습득되는 지식과 정보 등의 인지, 다양한 역할을 행동으로 경험한다. 롤플레잉에서 자각은 정서적 경험인 카타르시스와 인지적 경험인 통찰 그리고 행동화를 위한 역할 훈련 등의 전 과정에서 일어난다. 카타르시스, 통찰, 역할 훈련은 분리된 것이 아니라 유기적 관계에 있다.

카타르시스와 관련해 젤카 모레노(Zerka Moreno)는 "역할에서 감정의 구체적 형태를 관찰하고 감정이 지니는 의미와 우리의 인격에 미치는 영향과 지금 이 순간 생각, 감정, 행동을 이끄는지 이해하게 되는 진정한 인식 과정은 일반적 카타르시스가 아닌 통합적 카타르시스"라고 하였다(Dayton, 2005). 강력한 통합적 카타르시스를 경험한 후에 이성적이며 객관적이고 입체적으로 알아차리는 통찰을 한다. 롤플레잉은 단순히 역할을 기능적으로 배우는 것이 아니라 통합적 카타르시스와 통찰로 이끄는 감각기억과 작업기억 과정이 함께

하는 역할 경험이기 때문에 학습의 효과가 장기기억으로 저장될 수 있다. 앞에서 살펴 본 역할론, 자기결정론, 라이프밸런스, 감각기억 이론을 기반으로 시험을 앞둔 개인 또는 집단에게 롤플레잉으로 개입하는 예를 설명하면 다음과 같다.

주제	• **이슈**: 시험불안 • **상태** 　- **인지반응**: 멍해짐, 기억이 나지 않음 　- **감정반응**: 불안, 짜증, 두려움 　- **신체반응**: 심장이 두근두근, 손이 떨림, 호흡이 가쁨 • **목표**: 시험불안 완화
역할 재연 doing	이중자기법을 활용하여 상태들을 가상상황에서 롤플레잉으로 장기기억을 재연한다. • **신체 역할**: 두근거리는 심장, 떨리는 손, 가쁜 호흡이 역할로 등장 • **정신 역할**: 불안, 짜증, 두려움, 멍함 등의 상태가 역할로 등장 • **사회 역할**: 수험생 역할, 시험을 잘 치루고 싶은 역할, 불안한 역할로 설정
역할 수정 undoing	이중자, 거울, 역할교대 기법으로 라이프밸런스(자기책임성과 공동창조성)에 기반하여 참여자가 기존(문화보존성)의 역할을 직면하고 필요한 (창조성)역할을 선택(자기결정론)하는 작업기억 과정이다. 이 과정에서 불안과 두려움을 벗어난 새로운 역할에 도전(자발성)하면서 성취감, 자부심 등의 정서를 경험한다. • **신체 역할**: 기존의 역할과 새로운 역할을 적용한 롤플레잉하기 • **정신 역할**: 기존의 역할과 새로운 역할을 적용한 롤플레잉하기 • **사회 역할**: 기존의 역할과 새로운 역할을 적용한 롤플레잉하기
역할 훈련 redoing	역할 수정 과정에서 선택한 새로운 신체, 정신, 사회 역할들을 가상 시험 상황에서 역할훈련을 한다.

롤플레잉 이론들이 롤플레잉 단계에 적용되는 과정

Chapter 2

롤플레잉

1. 역할하는 존재

2. 생애주기와
   역할 발달

3. 롤플레잉을 활용한
   극적 방법의 유형

4. 롤플레잉의 효과성

5. 롤플레잉의
   진행 원칙

개요

롤플레잉은 개인 또는 집단의 목적에 따른 역할을 가상의 상황에서 마치 그런 것처럼 행위로서 역할 경험을 하는 것이다. 모레노(1934)에 따르면 개인의 특성은 그의 행동을 지배하는 역할의 범위에 의해 결정되고 모든 문화의 특징은 그 구성원들에게 다양한 수준의 성공을 강요하는 역할에 의해 결정된다고 하였다(Dayton, 2005). 롤플레잉에서 역할 경험을 하는 목적은 개인 또는 집단의 인식 확장, 인식개선, 문제해결을 위하여 필요한 역할을 훈련하는 것이다. 롤플레잉의 특징을 연극과 비교하여 설명하면 다음과 같다.

① 연극은 역할을 연기하고 롤플레잉은 역할을 놀이처럼 한다.
② 연극은 역할을 관객에게 보여 주는 것이 목적이지만 롤플레잉은 역할을 하는 사람의 내적 경험 및 집단과 상호작용을 하는 것이 목적이다.
③ 연극은 시작과 끝의 내용이 정해져 있지만 롤플레잉은 시작과 끝의 내용이 정해져 있지 않다.
④ 연극은 연기를 위해서 사전에 연습을 하지만 롤플레잉은 사전에 연습 없이 즉흥적으로 진행한다.
⑤ 연극 연기는 전문 훈련을 받은 사람이 하지만 롤플레잉은 누구나 참여할 수 있다.
⑥ 연극은 예술성이 있는 작품을 공연하지만 롤플레잉은 개인 또는 집단의 인식확장, 인식개선, 문제해결을 목적으로 집단 활동을 한다.

연극과 롤플레잉의 근본적인 차이점은 연극은 예술서에 기반한 공연이고 롤플레잉은 현실의 문제를 주제로 당사자들이 역할에 직접 참여함으로써 변화를 시도하는 것이라고 볼 수 있다.

1 역할하는 존재

"역할이란 무엇인가요?"라는 질문에 답을 하는 것은 어렵지 않다. 상황과 관계 속에서 지금 이 순간 질문하는 사람은 질문자, 답변하는 사람은 답변자의 역할을 하는 것이다. 사람들은 일상에서 일시적인 역할, 지속적인 역할, 사소한 역할, 중요한 역할을 수행한다.

모레노(1964)는 "역할은 개인이 다른 사람이나 대상과 관련되어 있는 특정한 상황에 반응해야 할 때 취하게 되는 기능적 형태이다. 역할은 우리가 태어날 때부터 시작되어 개인과 주위 사람들의 일생동안 지속된다. 그리고 역할이 형성되어 상호작용을 하는 데는 체계적인 양식이 있다. 역할은 정신적ㆍ신체적ㆍ심리극적 역할로 나눌 수 있다"(Blanter, 2007)라고 하였다. 이 책에서는 심리극적 역할을 정신적(심리) 역할로 명명한다. 심리극적 역할은 소망하거나 생각하는 역할, 즉 마음 속에 있는 역할을 의미하기 때문이다. 그리고 가족관계, 대인관계, 집단관계에서 수행하는 역할을 사회적 역할이라 명명한다. 따라서 이 책에서는 역할을 신체적 역할, 사회적 역할, 정신적 역할로 구분한다. 다음 사례에 나타난 그/그녀의 역할을 살펴보자.

그는 기지개를 켜더니 시계를 본다. 그리고 옆에서 편안히 자고 있는 배우자와 그 옆에서 새근새근 숨을 쉬는 아이를 보니 뿌듯한 기분이 든다. 곧 집을 나서면 미어터지는 지하철을 타고 가서 골치 아픈 업무를 처리해야 한다.

회사는 인사 철이다. 입사 동기보다 먼저 승진을 해야 하기에 오늘도 점심시간에 정보 수집을 해야 한다. 저녁에는 승진에 힘이 되는 관리자의 술자리에 가야 한다.

이런저런 생각을 하는데 배우자가 숙취해소제를 챙겨 먹으라고 한다. 입사 동기들의 승진 소식이 SNS로 전해져 오니 마음이 바빠진다. 숙취해소제와 건강보조제를 한 움큼 털어 넣으면서 오늘도 파이팅을 외친다.

그녀는 옆에서 자고 있는 아이가 깨지 않도록 조용히 일어난다. 아이를 맡아 줄 사람이 없어서 직장을 그만두었지만 이렇게 지내는 것이 좋은가 하는 불안한 생각이 문득문득 든다. 아이를 짐처럼 여기는 생각을 털어내고 배우자를 위한 아침 식사를 준비하면서 오늘 하루를 어떻게 지내야 할까도 생각한다.

오늘은 은행에 가서 전세자금대출도 알아보아야 하고, 경력 단절 여성을 위한 강의도 영상으로 듣고, 아이를 위한 이유식 재료도 사야 하고, 이유식 만드는 방법을 알려주겠다는 친구와 통화도 하여야 한다.

친정엄마에게 전화를 해 보고 싶은데 아이 돌봄을 거절한 엄마를 떠올리니 섭섭한 마음이 들어서 멈춘다. 하지만 그런 자신이 야멸차 보여서 마음이 불편하다.

씻고 나온 남편에게 "오늘 몇 시에 올 거야?"라고 물었고, 짐짓 피곤해하는 남편의 심드렁한 답변에 기분이 나빴지만 회사의 인사 문제로 한참 예민할 때라서 참았다.

그와 그녀의 역할을 이해하기 위해 앞 사례를 '관계'와 '상황'으로 구분하여 다음과 같이 설명할 수 있다.

구분	관계(사회, 신체, 정신)	상황(시간, 장소, 사건)
그	• **사회 관계**: 가족(배우자, 아버지), 지역사회 (지하철 이용자), 회사(직장 동료, 부하 직원) • **신체 관계**: 신체 건강 • **정신 관계**: 승진과 관련한 심리적 스트레스	출근 전 집 지하철 회사 인사 철 점심시간 저녁 술자리
그녀	• **사회 관계**: 가족(배우자, 어머니, 딸), 지역사회(은행에 전세자금대출 민원인, 이유식 소비자, 경력 단절 여성 수강생), 경력 단절 여성, 친구 • **신체 관계**: 자녀 돌봄 피로 • **정신 관계**: 자녀 양육 스트레스, 어머니와의 갈등, 자녀에 대한 미안함, 경력 단절에 대한 불안감	자녀 돌봄 아침 식사 준비 하루 일과 생각

이와 같은 사례 분석을 통해 동일한 상황에서도 각자의 사회적 관계에 따라 사회, 신체, 정신적인 역할이 달라지는 특성이 있음을 알 수 있다.

생애주기와 역할 발달

사람은 태어나서 죽을 때까지 다음과 같은 다섯 가지의 인생 영역에서 살아간다.

첫째, 나 돌봄(몸/마음/자기계발)

둘째, 가족관계(부모, 자녀, 형제자매, 배우자, 친인척 등)

셋째, 대인관계(선배, 후배, 동료, 이성, 동성, 친구 등)

넷째, 집단관계(지역사회, 학교, 시민, 국민, 종교, 직장, 동호회 등)

다섯째, 자원관리(경제, 시간, 나눔)

생애주기 역할 발달이란 다섯 가지의 인생 영역에서 상황과 관계에 필요한 역할을 배우고 익혀서 적절하게 수행하는 것을 의미한다. 필요한 역할은 생애주기와 상황에 따라서 스스로 또는 타인과 사회의 요구에 따라 창조되어야 한다. 이것은 역할 발달의 필수 과정이다. 다음 사례를 통해 역할 발달의 개념과 필요성을 이해해 보자.

> 그는 가족과 직장, 친구들 사이에서 좋은 사람, 능력 있는 사람으로 평가
> 되는 자신의 삶에 만족해 하며 자부심을 갖고 살아가고 있다.
>
> 학교를 다닐 때는 특별한 역할을 맡은 적은 없지만 친구들이 무슨 일이
> 생기면 자신에게 의논하는 것에 자부심을 가졌다.
>
> 회사에서도 임원들이 가끔 의견을 물은 적이 있어서 자신의 능력에 대해
> 서 만족감이 높았다. 그런데 회사의 직원 채용 방침이 경력 사원을 많이 채
> 용하는 것으로 변경되면서 교육 담당으로는 처음인 경력 직원 교육을 진행
> 하면서 그는 좌절감을 경험하였다. 경력 직원들은 대부분 대기업 출신이어
> 서 중견기업인 회사와 교육시스템에 대한 신뢰가 높지 않고, 교육에 대해
> 서 비판이 많기 때문이다.
>
> 이런 일들이 발생할 때마다 일할 의욕이 낮아지고 집에서 말수가 줄어들
> 면서 팀원들에게 짜증이 많아지는 자신을 발견하면 기분이 더 우울해진다.

그는 신입사원을 교육하는 업무에 많은 경험이 있으며 효과성 높
은 교육을 진행한 경험이 있다. 하지만 경력 직원과 대기업에서 근
무한 경험이 있는 직원을 대상으로 하는 교육 경험은 전무하다. 역
할 발달의 관점에서 보면 당연히 대상의 변화에 맞는 교육 기획과
진행을 준비해야 한다. 변화된 상황에 맞는 준비를 하지 못했으므로
어려움에 직면하게 된 것이다. 예를 들어, 신입 사원일 때는 '지시에
따른 업무 수행' 역할이 창조된다. 근무 기간이 길어지면 권한위임
을 받게 되면서 '자율적인 업무 수행' 역할이 창조된다. 관리자가 되
면 지시를 받아서 수행하는 역할은 없어지고 '업무를 지시하고 관리
감독하는 역할'이 창조된다. 관리자임에도 결정을 내리고 지시와 감
독을 하는 것을 인식하지 못하거나 두려워한다면 직무 역할 발달이

지체되었다고 할 수 있다.

　다섯 가지 인생 영역은 서로 분리되어 있지만 연결되어 상호 영향을 미치는 유기적 관계에 있다. 앞의 사례에서도 직장 내 역할의 만족감이 낮아지게 됨에 따라 나 돌봄, 가족관계, 대인관계, 자원관리의 영역에도 부정적인 영향을 미칠 가능성이 높다.

　사람은 생애주기별로 새로운 역할을 수행할 수밖에 없는 존재이며, 역할 수행의 결과는 자신의 능력에 대한 평가 기준이 되고 과거의 평가, 현재의 만족도, 미래의 희망감과 연결된다. 스스로의 역할 만족도는 높지만 타인의 평가가 낮거나, 나 돌봄의 만족도는 높은데 가족관계에서 만족도가 낮으면 대인관계, 집단관계에도 부정적인 영향을 미치게 된다. 삶의 만족도가 높은 사람은 과거의 삶에 대한 긍정적 평가에 따른 자부심, 현재의 삶에 대한 자신감, 미래의 삶에 대한 도전감과 희망감을 가진다. 삶의 만족감이 낮은 사람은 과거의 삶에 대한 자책감, 현재의 삶에 대한 두려움, 미래의 삶에 대한 불안감이 높아진다.

　앞의 사례의 그도 자신의 능력이 부족한 것이 아니라 교육 대상이 바뀜에 따른 사회적 역할에 대한 준비가 부족함에도 자신의 능력이 부족한 것으로 과도한 해석을 하는 정신적 역할에 문제가 있다. 따라서 다섯 가지의 인생 영역에서 삶의 만족감을 경험하기 위해서는 자기책임성과 공동창조성을 토대로 필요한 역할들을 준비하고 훈련하는 노력이 필요하다.

생애주기의 변화에 따른 역할 유형과 역할 목록은 다음과 같다.

⬡ 생애주기의 변화에 따른 역할 유형과 역할 목록

상황과 관계에 따른 역할 유형	나 돌봄(몸/마음/자기계발)
	가족관계(부모, 자녀, 형제자매, 배우자, 친인척 등)
	대인관계(선배, 후배, 동료, 이성, 동성, 친구 등)
	집단관계(지역사회, 학교, 시민, 국민, 종교, 직장, 동호회 등)
	자원관리(경제, 시간, 나눔)

역할 목록		
신체 역할	정신 역할	사회 역할
① 고유감각(팔, 다리 등)	① 욕구 조절	① 이타성
② 외부감각(시각, 청각, 후각, 미각, 촉각)	② 충동 조절	② 공감
	③ 느낌 조절	③ 배려
③ 내부감각(심장, 폐 등 내부 장기)	④ 가치관	④ 의사소통 기술
	⑤ 미래 설계	⑤ 문제해결 기술

롤플레잉을 활용한
극적 방법의 유형

　롤플레잉은 사회극, 심리극, 사회측정학을 만든 모레노의 철학에 기반한다. 모레노는 자신의 방법을 "극적 방법(dramatic)을 활용하여 진실을 탐구하는 과정"이라고 정의하였다. 진실을 탐구하기 위해서는 과거의 문화보존성에서 벗어나서 지금 여기에 맞는 역할을 창조하는 것이 중요하다고 하였다.

　모레노는 창조성을 발현하기 위해서 안전한 공간에서 실패에 대한 두려움 없이 역할을 연습할 수 있는 자발성 극장(theater of spontaneity, 1921~1923)을 의대 졸업 후 오스트리아 빈에서 운영하였다. 자발성 극장에서는 극장에 온 사람들과 함께 신문 기사의 내용이나 관객의 개인적 문제를 극적 방법으로 다루었다. 모레노는 자발성 극장이 참여한 사람들의 치료적 효과와 사회문제에 대한 관심 확장 및 문제해결에 효과가 있음을 확인하였다.

　이후 모레노는 1925년 미국 뉴욕 근교에 연구소를 설립하여 극적 방법을 활용한 심리극, 사회극과 사람들의 행위 표현으로 현상을 이해하고 문제해결을 위한 사회측정학 등을 창시한 전문가로서 역할을 하였다.

　롤플레잉을 활용한 극적 방법의 유형에는 우리나라에 도입된 심리극(psychodrama), 사회극(sociodrama), 역할극(roleplay)과 모레노의 철학에 기반해 최대헌이 개발한 매체극(mediadrama), 최대헌과 오진아가 개발한 롤플레잉 퍼실리테이션(roleplaying facilitation)이 있다. 다섯 가지 방법의 공통점은 롤플레잉을 기본적으로 활용한다는 것이다.

◇ 롤플레잉을 활용한 극적 방법의 유형

유형	심리극 (psychodrama)	사회극 (sociodrama)	역할극 (roleplay)	매체극 (mediadrama)	롤플레잉 퍼실리테이션 (roleplaying facilitation)
목적	치유 치료	치유 치료 인식개선 인식확장 문제해결	인식개선 인식확장 문제해결	치유 치료 교육	인식개선 인식확장 문제해결
인원	1명 이상	2명 이상	1명 이상	1명 이상	1명 이상
대상	모든 사람	모든 사람	모든 사람	모든 사람	모든 사람

프로그램의 목적에 따라 극적 방법의 유형을 선택하여 활용해야 한다. 다섯 가지 유형 중 심리극, 역할극, 매체극은 특정인의 개인적 문제해결에 직접적인 개입을 한다. 사회극, 역할극, 매체극, 롤플레잉 퍼실리테이션은 집단이 공유하는 주제를 다루고, 인식개선, 인식확장, 문제해결에 개입을 한다. 역할극과 매체극은 개인과 집단에 모두 개입하는 특징이 있다.

롤플레잉의 효과성

요즘은 지역사회, 학교, 기업, 교육기관에서 역할 발달에 필요한 다양한 교육이 진행되고 있다. 교육의 종류로는 초·중·고등학생과 대학생들의 성장과 성숙에 필요한 진로교육·진학교육·성교육, 부모 역할에 필요한 부부교육·부모교육, 직장에서 신입, 중간 간부, 최고관리자에 필요한 리더십교육·갈등관리교육, 그리고 기타 인권교육, 재난예방교육, 취업창업교육 등 다양한 교육이 진행되고 있다. 이렇게 다양한 교육이 진행되고 있는 만큼 관련 당사자들의 고민도 다양해지고 있다.

그렇다면 교육 현장에서 교육담당자와 교육진행자, 그리고 중요한 교육참여자들이 어떤 고민을 가지고 있는지 사례를 통해서 살펴보자.

☑ 사례

회사 내 직원 교육을 담당하고 있는 그는 부장으로부터 세대 간 소통이 잘될 수 있는 내용의 교육을 준비하라는 지시를 받았다. 매년마다 하는 교육이지만 교육효과에 대한 평가는 좋지 않았다. 작년과 다르게 재미있는 교육을 준비해 보라는 부장의 이야기를 들으면서 머리가 지근거리고 이래저래 고민을 해 보았지만 묘안이 없다. 특히 교육에 대해 부정적인 직원들의 후기와 평가도 두렵다.

📌 교육담당자의 고민

• 교육참여자들이 교육에 대해 호의적이지 않다.
• 예산은 들어가는데 효과가 그다지 없다는 관리자들의 질책이 걱정된다.
• 교육방법과 교육내용에 대해서 교육참여자들이 식상해 한다.

☑ 사례

　　교육회사에서 기획을 담당하고 있는 그녀는 오늘 하루 종일 머리가
무겁다. 까다롭기로 유명한 A사에서 받은 교육 의뢰에 대한 기획안을
작성하라는 대표의 지시 때문이다. A사는 교육업계에서는 누구나 의뢰
를 받고 싶은 곳이기도 하지만 교육 평가가 까다로워서 꺼리기도 하는
곳이다.

　　교육담당자가 요구하는 내용은 임원들이 기존의 교육효과에 대해서
부정적이어서 좀 더 파격적이고 실제 업무에 활용될 수 있는 교육이
진행되면 좋겠다는 것이다.

　　교육참여자들이 강의 중심의 교육은 지루해 하면서도 막상 참여형
교육에는 거부 반응을 보이는 한편, 교육효과 측면에서는 지식과 정보
전달 위주의 강의보다는 참여학습이 교육효과가 더 높을 수밖에 없어
그녀는 고민이 많다.

📌 교육진행자의 고민

• 학습자들의 불만이 걱정된다.
• 참여를 싫어하는 학습자들이 두렵다.
• 교육내용에 대해서 질려 하는 학습자들의 공개적인 불만 표현이 힘들다.
• 교육효과가 낮을까 걱정이다.
• 재미있게 진행해 달라는데 어떻게 해야 할지 모르겠다.

A씨는 교육신청서에 서명을 하려니 짜증이 난다. 말이 신청이지 강요당하는 느낌이다. 젊은 직원들과 소통을 잘하라는 취지도 좋지만 왠지 꼰대로 낙인찍히는 느낌이다. 무엇보다 소통은 당사자 모두 고민해야 하는데 관리자들에게만 문제가 있다는 취급을 받는 기분이다.

교육내용도 성격검사를 통해서 나의 성향을 이해하라는 등 유사한 내용이 여러 번 반복되는 경험을 하였다. 이런 경험들이 현실에서 사용하기에는 와닿지 않음에도 교육을 받아야 하니 짜증이 올라온다.

젊은 직원들과 소통을 잘하고 싶은 마음이 없지는 않지만 지금 받는 교육방법으로는 그다지 도움이 되지 않는 것 같다.

이런 문제를 제기하고 싶지만 굳이 불편한 이야기를 내가 해야 하나 싶어서, 또 강의하는 강사에게 손해를 끼칠까 싶어서 교육평가서에 우호적인 이야기를 적기는 하지만 기분이 유쾌하지는 않다.

📌 교육참여자의 고민
• 교육 때문에 업무에 지장이 생긴다.
• 교육을 받을 때는 잘될 것 같은데 막상 하려고 하면 어색하다.
• 교육내용을 실제 업무에 시도해 보지만 현실과는 너무 다르기 때문에 적용이 어렵다.
• 교육을 들을 때는 재미있는데 교육이 끝나면 무엇을 들었는지 기억이 나지 않는다.
• 너무 뻔한 이야기들의 조합이어서 유튜브를 보는 듯한 느낌이다.
• 참여형이라고 하지만 이야기를 하는 사람만 하는 것 같다.

이와 같은 사례들을 통해 교육의 기회가 많으면 많을수록 문제도 늘어날 수 있음을 알 수 있다. 이것은 교육 자체의 문제가 아니라 많은 교육 경험이 오히려 교육효과를 반감시키는 효과 오염 현상이 생기기 때문이다. 교육담당자와 교육진행자들은 이런 고민들을 해결하고자 다양한 교육 방법을 연구하고 새로운 방법을 적용하려는 노력을 꾸준히 하고 있다. 그 중 하나로 롤플레잉에 대한 관심이 높아지고 있는데, 이는 롤플레잉이 교육효과를 높이는 방법으로 인식되고 있기 때문이다.

롤플레잉의 교육효과

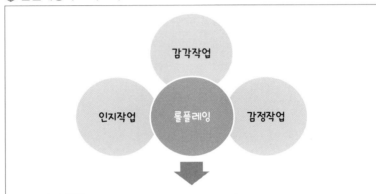

- 역할을 경험해 봄으로써 정서 경험이 가중되어 교육효과의 지속성이 높다.
- 일상생활에 실제 적용이 가능하다.
- 개인의 실제 상황을 고려한 역할 연습으로 만족도가 높다.
- 실패에 대한 두려움 없이 자연스럽게 역할 경험을 할 수 있다.
- 다른 사람의 역할을 보면서 학습하는 거울 효과가 있다.
- 경험이 없는 역할을 안전하게 경험하면서 자신감이 만들어진다.

한편, 교육 현장에서는 롤플레잉의 효과를 알고 사용하고 싶지만 실제 활용하는 데 있어서 다음과 같은 어려움을 이야기한다.

① 교육진행자가 롤플레잉 방법을 체계적으로 배우지 못했다.

② 교육진행자가 교육참여자의 수동적 참여동기에 두려움을 갖고 있다.

③ 교육진행자가 롤플레잉 방법을 연극으로 오해하고 있다.

④ 교육진행자가 강의형 수업에 익숙하다.

⑤ 교육참여자가 롤플레잉을 연극으로 알고 있어 연기를 해야 한다는 두려움을 갖고 있다.

⑥ 교육참여자가 수동적 학습 방법(강의 등)에 익숙하다.

⑦ 교육참여자의 다수는 비자발적 교육동기를 갖고 있다.

롤플레잉은 감각과 감정 그리고 인지를 함께 경험하는 통합적 행위이고 퍼실리테이션은 구조화된 인지적 개입이다. 이에 교육의 효과를 높이기 위하여 롤플레잉 진행의 어려움은 낮추고 롤플레잉의 특성을 반영한 방법론이 롤플레잉 퍼실리테이션이다. 롤플레잉과 퍼실리테이션을 현장에 적용했을 때 교육참여자와 교육의뢰자의 공통된 평가는 참여와 진행의 어려움은 낮아지고 결과에 대한 만족감이 높았다는 것이다. 이러한 경험들을 토대로 개발한 것이 롤플레잉 퍼실리테이션으로 이에 대해서는 다음 장에서 자세하게 살펴보도록 한다.

롤플레잉의 진행 원칙

롤플레잉은 듣기, 말하기, 쓰기, 몸으로 표현하기, 접촉하기 등 사람이 가지고 있는 자원들을 최대한 활용하여 주변과 다양한 방법으로 상호작용을 하는 것이 특징이다. 롤플레잉을 진행하기 위해서는 기법보다는 롤플레잉이 지향하는 원칙을 지키도록 노력하여야 한다. 그렇지 못하면 보여 주기식이 되거나 참여자들이 이유도 모른 채 진행자의 압력에 의해 움직일 수 있다. 다음 사례를 통해서 롤플레잉 진행자의 태도와 행동에 대해서 살펴보자.

☑ 사례

D강사는 강의평가가 5점 만점에 4.8점이 나온 것을 보고 오랜만에 마음이 편안해졌다. 강의 중심에서 토론과 발표가 있는 참여형으로 교육방법을 전환한 후에 많은 어려움이 있었다. 참여자들이 조별 토론 때 포스트잇을 자주 쓰는 것에 대해 식상해 하기도 하고, 발표할 때에도 소수의 목소리가 큰 사람들을 중심으로 진행되는 것에 고민이 많았다. 그럼에도 발표와 결과물은 매끄럽게 나왔기에 그럭저럭 만족했다.

참여자들의 참여도를 높이기 위한 방법을 고민하다가 극적 방법을 활용한 롤플레잉 퍼실리테이션을 배웠다. 책상에서 쓰고 읽고 토론하고 발표하는 것과 함께 롤플레잉을 적극 활용하니 일부 참여자는 많이 어색해 했지만 집단의 역동이 예전과는 다른 느낌이 들었다.

오늘도 그럭저럭 강의에 만족했는데 일부 참여자의 강의 평가 글을 보고 고민이 생겼다. 진행자가 성별을 차별하는 말과 불필요한 신체 접촉을 요구하는 것 같아서 불편했다는 글이었다. 다른 의견으로는 진행자가 연출하는 듯한 느낌이 들고 강요받는 것 같아서 불편했다는 글도 있었다.

D강사는 혼란스러웠다. 모두 즐겁게 웃고 참여한 것 같았는데. 강요와 연출, 차별과 같은 부정적인 감정을 느꼈다는 점에 마음이 많이 불편해졌다. 이후 다른 집단에 갔을 때에도 자신감이 낮아지고 집단원들의 눈치를 보게 되는 등 불안한 마음이 올라왔다.

좋은 진행 결과를 갖기 위해서는 진행과 관련하여 원칙이 있어야 한다. 원칙에서 가장 중요한 것은 진행자의 롤플레잉에 대한 확신과 참여자와 진행자의 인격 존중과 안전함을 위한 윤리성이다. 이 두 가지가 비행기의 양 날개처럼 균형감을 유지하여야 집단이 지향하는 목적에 잘 도착할 수 있다. 모레노의 철학에 기반하여 진행자의 확신과 윤리를 설명하면 다음과 같다.

⭐ 진행자의 롤플레잉에 대한 확신

① 언어가 있기 이전에 행위(몸짓)가 먼저 있었음을 확신하여야 한다

우리는 태어날 때 언어를 사용하지 않고 몸짓으로 엄마의 자궁을 지나서 세상과 만난다. 말과 글로 탄생의 신비를 경험하지 않는다. 우리가 살아가면서 생애주기와 상황과 관계에서 필요한 역할들은 말과 글이 아닌 몸짓의 결과이다. 나를 책임지고 더불어 함께 살아가기 위한 자발성과 창조성은 의식적으로 노력해야 한다.

② 진정한 해방은 과거의 경험으로부터 자유로워지는 것이다

시간은 개인의 의지와 상관없이 미래로 흐른다. 같은 시간과 같은 경험은 반복되지 않는다. 사람들은 습관적으로 익숙한 과거에 머물 뿐이다. 우리가 지금 여기의 현재를 경험하기 위해서는 과거의 경험을 단절하여야 한다. 과거에 머물면서 현재와 미래를 경험할 수는 없다. 창조하는 역할은 현재와 미래에 있는 것이지 과거에 있는 것은 경험일 뿐이다.

③ 살아 있는 모든 생물은 생성과 변화와 소멸의 과정을 거친다

어릴 때 보호자에게 의존하는 역할은 생성하기 위해서 필요한 역할이다. 역할 발달을 한다는 것은 기존의 역할은 변화와 소멸을 해야 함을 의미한다. 그리고 지금 여기에 맞는 역할 발달을 생성하여야 한다. 예를 들어, 결혼을 한 사람이 자녀의 역할에 머물면서 부모에게 의존하는 것은 지금 여기에 필요한 배우자와 부모의 역할 발달이 지체되는 것이다. 그리고 나이가 들어서 자녀의 도움이 필요할 때는 다시 의존적 역할이 발달되어야 하는데 이를 거부하는 것은 역할 발달의 지체라고 할 수 있다. 역할 발달은 지금 여기에 맞는 '생성-변화-소멸'의 과정을 반복한다.

④ 과거보다는 현재에서 미래를 지향한다

과거는 누구도 되돌릴 수 없다. 과거에 경험한 역할은 주관적 기억에 있을 뿐이다. 기억은 사실보다는 의미를 부여한 것에 따라 주관적인 해석을 한다. 과거의 부정적인 경험에 집중하여 되새기다 보면 현재의 자신에 대해서도 부정적인 평가를 하고, 미래의 모습에 대해

서도 자신감이 낮아지게 된다. 우리가 롤플레잉을 지금 여기에서 하는 모든 것은 과거를 위한 것이 아니라 현재와 미래를 위한 것이다.

⑤ 참여자와 동반 관계 형성을 유지한다

진행자는 의도하지 않게 권력을 가지게 된다. 진행자의 권력을 참여자들이 존중하는 권위로 전환하기 위해서는 참여자와 파트너십을 유지하여야 한다. 롤플레잉은 즉흥적이고 창의적이다. 이런 상황에서 참여자들은 당연히 선장이라고 생각하는 진행자의 눈치를 보거나 진행자가 이끌어 주기를 원한다. 이럴 때 진행자가 자기도취가 되면 집단을 주관적으로 움직일 수 있다. 권위가 있는 진행자는 참여자들에게 다음과 같은 질문을 한다. 우리가 어디에 머물고 있는지, 어디로 가야 하는지, 목적지에 가기 위해서 각자가 무엇을 하고 있는지 또는 함께 무엇을 해야 하는지다. 이런 질문 속에서 참여자들은 자신들의 의견과 자율성을 존중받았기 때문에 능동적 참여 경험으로 역할 창조를 학습하게 된다.

⑥ 자기책임성과 공동창조성으로 상호 관계를 형성한다

사람들이 갖추어야 할 균형감은 자기를 책임지면서 다른 한쪽은 타인과 함께 살아가는 능력을 갖는 것이다. 자기를 책임진다는 것은 욕구 조절, 느낌 조절, 충동 조절과 긍정의 가치로 미래를 설계하는 것이다. 타인과 사회에서 함께 살아가기 위해서는 이타성으로 공감과 배려를 하고 의사소통 기술과 문제해결 기술로 상호작용하는 것이다. 롤플레잉은 궁극적으로 자기책임성과 공동창조성을 학습하는 것이다.

📁 롤플레잉 진행자의 윤리

① 도움을 주기보다는 해를 끼치지 않아야 한다

진행자는 참여자에 대해서 이타적 관심을 가진다. 공감과 배려가 없는 이타적 관심은 어쩌면 참여자에 대한 통제일 수 있다. 따라서 도움을 주려는 노력보다는 해를 끼치지 않아야 한다는 신중함이 요구된다.

② 비밀을 지킨다(단, 생명 안전 제외)

참여자들은 항상 자신의 이야기를 하고 싶어 한다. 하지만 그 배경에는 자신의 이야기가 다른 사람들에게 알려지는 것에 대해 두려움과 불안감이 있는 양가적 태도가 있다. 진행자는 참여자의 개방적 표현에는 불안과 두려움이 공존하고 있음을 항상 기억하여야 한다.

③ 자신의 전문성과 영역의 한계를 인정한다

진행자는 롤플레잉의 전문가이다. 롤플레잉 전문가라고 해서 모든 주제를 다룰 수 있다는 것은 착각이고 무지한 생각이다. 진행자는 특정 주제를 다루기 위해서 롤플레잉을 하는 것이지, 롤플레잉을 하기 위해서 특정 주제를 다루는 것은 아니다. 따라서 자신이 다룰 수 없는 주제가 있음을 인정하여야 한다.

④ 전문성을 유지하기 위한 지속적인 노력을 한다

전문성 자격을 갖추고 나서 전문성을 유지하기 위한 노력은 필수이다. 현장에서 만나는 사람, 상황, 주제는 항상 다르다. 왜냐하면

변하지 않는 것이 없기 때문이다. 단지 변하지 않는다는 것은 습관에 길들여졌거나 착각일 뿐이다. 전문가는 변화를 인식하고 변화에 필요한 능력을 향상시키려는 자발성이 있는 열린 긴장을 하여야 한다. 열린 긴장이란 변화에 수용적이면서도 기존의 경험에 의존하지 않고 새롭게 보려는 신중함이다.

⑤ 정기적으로 슈퍼비전과 동료 모임을 갖는다

사람은 불완전한 존재이다. 자신이 오감으로 지각하는 것은 뇌에 저장된 정보의 통제를 받기 때문에 주관적 지각으로 객관성이 결여된다. 따라서 객관적으로 지각하기 위해서는 타인의 조력이 필요하다. 그러기 위해서 정기적으로 다른 전문가의 피드백을 받아야 하며, 동료 간에 전문적 의견을 나누는 노력을 하여야 한다. 물이 흐르면서 새로운 물로 교체되지 않으면 썩듯이, 전문성도 끊임없이 문화 보존성−자발성−창조성이라는 변화의 과정을 선택하여야 한다.

앞서 설명한 원칙과 윤리를 지키기 위해서 진행자는 참여자들과 함께 동의서를 작성하여야 한다. 동의서의 내용에는 비밀보장, 안전 규칙, 신체 접촉에 대한 동의, 참여자의 개인정보 공유 금지, 참여에 대한 자발적 동의, 참여에서 책임과 의무 등의 내용이 담겨 있어야 한다.

Chapter 3

롤플레잉
퍼실리테이션

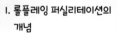

1. 롤플레잉 퍼실리테이션의
   개념

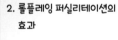

2. 롤플레잉 퍼실리테이션의
   효과

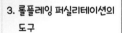

3. 롤플레잉 퍼실리테이션의
   도구

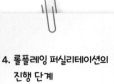

4. 롤플레잉 퍼실리테이션의
   진행 단계

5. 롤플레잉 퍼실리테이션의
   기획

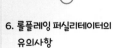

6. 롤플레잉 퍼실리테이터의
   유의사항

1 롤플레잉 퍼실리테이션의 개념

연극이 아니라 '역할놀이'

교육이나 워크숍에서 롤플레잉을 한다고 하면 참여자들은 물론이고 진행자조차도 부담을 갖는 경우가 많다. 롤플레잉을 '연극을 하는 것'으로 오해하기 때문이다. 태어나서 연극을 한 번도 해 본 적이 없는 사람에게 2~3시간 동안 연극을 하라고 한다면 누구나 손사래를 칠 것이다. 결론부터 말하자면 롤플레잉은 연극을 하는 것이 아니라 '역할놀이'를 하는 것이다.

역할놀이는 사실 우리에게 익숙한 활동이다. 어렸을 적 또래들과 소꿉놀이를 하면서 누구는 엄마 역할, 누구는 아빠 역할, 누구는 어린이집 선생님 역할, 누구는 동생 역할 이런 식으로 역할을 나눠서 놀았던 경험이 누구나 한 번쯤은 있지 않은가. 내가 직접 그 역할을 해 본 적은 없지만 간접적으로(주위에서 보고 들었던 경험으로) 그 '역할'이 어떤 것인지[1]를 알기 때문에 역할놀이가 가능한 것이다.

롤플레잉 퍼실리테이션roleplaying facilitation이란 '롤플레잉을 활용하여

---

1) 사회화된 역할 규범, 예를 들면, 어린이집 선생님은 어린이집에서 아이들을 돌보는 역할을 하는 사람이고, 의사는 아픈 사람을 치료해 주는 역할을 하는 사람이라는 것.

참여자들의 상호작용을 촉진함으로써 집단의 목표에 도달하도록 돕는 방법'을 말한다.

🔷 롤플레잉 퍼실리테이션의 개념

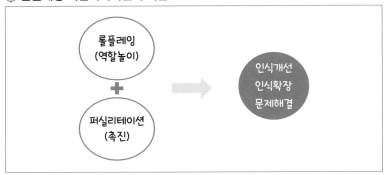

롤플레잉 퍼실리테이션은 '가상상황에서의 역할놀이'라는 방식으로 참여자들이 자신의 생각과 경험을 재구성하도록 돕는다. 참여자 A는 가상상황에서 가상인물 B의 역할을 수행한다. 그러므로 교육장에서 이루어지는 A의 행위와 말은 가상인물 B의 행위와 말인 셈이다. '가상상황'에서의 '가상인물'이라는 장치는 참여자들에게 '이곳에서 내가 하는 말과 행위로 인해 어떤 평가와 비난도 받지 않을 것이다'라는 심리적 안전감을 줄 수 있다. 따라서 참여자들은 롤플레잉 퍼실리테이션을 통해 안전한 방식으로 주제에 더 몰입할 수 있게 된다.

롤플레잉 퍼실리테이션에서 중요한 것은 역할 경험이다. 참여자 A가 내가 아닌 다른 사람(가상인물 B)의 역할을 맡아 B의 상황과 입장에 머물러 보는 것이다. '내가 B였다면 어떤 기분이었을까?' '내가 B였다면 뭐라고 말했을까?' '내가 B였다면 어떤 말을 듣고 싶었을까?' '내가 B였다면 어떻게 하고 싶었을까?' 끊임없이 B의 상황과 입장 속에서 생각하고 느끼고 행동함으로써 A는 B를 좀 더 이해할 수 있게 된다. 이러한 역지사지(易地思之)의 경험이 주는 궁극적 효과는 구체적인 상황과 관계 속에서 나에게 필요한 역할을 좀 더 잘 수행할 수 있게 해 준다는 데 있다.

2 롤플레잉 퍼실리테이션의 효과

1) 3미(흥미, 재미, 의미)를 준다

롤플레잉 퍼실리테이션에서 연극적인 요소들(구체적 상황, 등장인물, 사건 등)은 참여자들에게 주제에 대한 흥미를 불러일으킨다. 롤플레잉 퍼실리테이션은 연극이 아니므로 잘 짜여진 대본이나 과장된 연기를 필요로 하지 않는다. 대신 참여자들의 상상력과 즉흥성이 집단의 역동을 만들어 낸다. 역할에 몰입이 될수록 참여자들은 역할놀이를 즐기게 되고, 자신과 타인의 역할연기에서 재미를 느낀다. 참여자들은 이 과정에서 카타르시스(감정의 정화)를 경험하거나 지금 여기에서 다루는 주제에 대한 성찰과 통찰에 이르게 된다.

2) 자신에 대한 이해를 높인다

롤플레잉에서 쓰이는 이중자기법, 거울기법, 역할교대기법 등을 통해 참여자는 다른 사람이 표현하는 자신의 모습을 거리를 두고 관찰하게 된다. 자신의 욕구, 가치, 느낌, 태도와 행동에 대해 관찰함으로써 자신이 타인에게 어떻게 비춰지는지를 알게 되며, 숨겨져 있던 내면의 목소리와 감정이 드러나면서 내가 진짜 원하는 것이 무엇인지를 알아차릴 수 있다.

3) 타인에 대한 이해를 높인다

참여자들은 롤플레잉을 통해 타인의 상황을 경험하게 된다. 타인
의 생각, 느낌, 욕구 등을 신체와 언어로 표현해 보는 경험은 자신이
갖고 있던 생각이나 이해관계에서 벗어나 타인의 입장에서 상황과
문제를 바라볼 수 있게 한다.

4) 상황과 문제를 객관화한다

롤플레잉에 등장하는 인물들을 통해 참여자들은 구체적 상황 속
에서 다양한 이해관계자의 존재를 인식하게 된다. 집단 구성원들 간
에 이견이나 갈등이 첨예화될 때는 여러 이해관계가 얽혀 있는 경우
가 많다. 갈등 상황을 다루는 롤플레잉에서 참여자들은 그 상황에
서 겉으로 드러난 사람들의 '입장'(찬성이냐 반대냐, 1안이냐 2안이냐
등)만이 아니라 그 속에 숨겨진 개별적인 '욕구'(찬성하는 입장이더라
도 찬성하는 이유는 저마다 다르다)들을 발견하게 됨으로써 상황의 다
양한 측면을 알게 된다. 개인적인 문제라고 인식했던 것들이 조직적
(사회적) 문제로 확장되어 인식되기도 하고, 서로의 차이 속에서 잘
드러나지 않았던 공통된 욕구들이 발견되기도 하면서 문제해결의
실마리를 찾아낼 수 있게 된다.

5) 변화의 자율성과 주도성을 촉진한다

롤플레잉 퍼실리테이션에서는 역할 경험을 통해 안전한 방법으로 새로운 시도를 해 봄으로써 참여자들의 자율성과 주도성을 촉진한다. 문제해결을 위해 대안을 탐색하고 그중에 자신(혹은 집단)이 해 볼 수 있는 실천 행동을 스스로 선택함으로써 자기책임성을 높인다. 그리고 이러한 실천을 어렵게 하는 방해요인(걸림돌)과 촉진요인(디딤돌)을 미리 점검하는 과정을 통해 실천의 지속성을 높일 수 있다.

6) 일상에서 태도와 행동의 변화를 가져온다

롤플레잉 퍼실리테이션에서 참여자들은 새로운 역할을 시도해 봄으로써 기존의 역할을 더 나은 방향으로 훈련하게 된다. 부모는 자식의 역할이, 팀장은 팀원의 역할이 되어 봄으로써 부모는 자식이 처한 어려움을 더 깊이 느끼게 되고, 팀장은 팀원의 감정을 더 이해할 수 있게 된다. 이를 통해 자신의 태도와 행동이 변화되어야 할 필요성을 자각하게 된다. 역할놀이가 끝난 뒤에 이어지는 대안 탐색, 행동 선택, 실천 선포 등의 활동은 참여자들의 인식의 변화가 일상에서의 태도와 행동의 변화로 이어지도록 하는 데 그 목적이 있다.

롤플레잉 퍼실리테이션의 도구

1) 접착메모지

롤플레잉 퍼실리테이션에서 가장 자주 쓰는 도구는 접착메모지이다. 각자 자신의 느낌이나 생각, 아이디어를 접착메모지에 간단한 단어로 작성한다. 동기 단계에서부터 대안탐색, 나누기에 이르기까지 각 단계에서 두루 쓰인다. 역할놀이를 할 때 역할의 이름을 메모지에 써서 몸에 붙이기도 한다.[2]

🔲 **특징**
- 각자 자신의 생각과 느낌을 짧은 단어로 표현할 수 있다.
- 메모지에 적는 동안에 자신의 생각과 느낌을 정리할 수 있다.
- 한정된 시간 내에 아이디어를 모으는 데 효과적이다.

---

2) 역할이름표는 참여자들로 하여금 그 역할에 더 몰입하도록 만들어 주고, 인원이 많은 경우에는 각각이 맡은 역할을 구분할 수 있게 해 준다.

- 나온 의견을 분류하는 데 편리하다.
- 나온 의견을 한눈에 파악할 수 있다.
- 책상이나 벽 등에 부착이 자유롭다.

◇ 진행 요령
- 한 장의 메모지에는 한 가지 단어(혹은 문장)만을 쓰게 한다.
- 의견을 묻는 목적에 따라서 처음부터 메모지의 색상을 지정해 나눠 줄 수도 있다(예: 개인적 실천과 관련된 것은 노란색, 제도적 개선방안과 관련된 것은 파란색에 각각 쓰게 한다).

◇ 활용 예시

목적	대안 탐색
방법	① 문제해결을 위해 어떤 대안이 있을지 생각해 보고 각자 메모지에 작성한다. ② 각자 돌아가며 이야기를 나눈다. ③ 이야기가 다 끝나면 비슷한 내용끼리(혹은 카테고리별로) 메모지를 분류한다. ④ 분류된 것에 대표할 만한 제목이나 카테고리의 제목을 붙인다.

2) 라이프밸런스플러스카드

라이프밸런스플러스카드는 느낌, 욕구, 가치를 개별적으로 탐색하거나 연결하여 개인의 느낌, 욕구, 가치가 어떻게 태도와 행동에 영향을 미치는지 스스로 탐색할 수 있도록 돕는다. 하나의 카드만을 쓸 수도 있고, 서로 다른 두 개의 카드를 이어서 주제 탐색을 할 수도 있다. 롤플레잉 퍼실리테이션의 모든 단계에서 활용이 가능하다.

🔲 구성

구분		매수	수록 단어
느낌		80	신나는, 그리운, 질투 나는, 수치스러운 등
욕구		80	친밀감, 위로, 안정, 휴식, 자기실현 등
가치		80	사랑, 열정, 전문성, 평화, 균형, 권위 등
개인 상황	태도 · 행동	120	스킨십을 한다, 주변에 도움을 구한다 등
집단 상황	태도 · 행동	120	협력을 우선시한다, 상대방의 장점을 무시한다 등
계		480	

※ 각 영역의 카드마다 나만의 카드(빈 카드)가 한 장씩 포함되어 있음.

🔲 특징

• 자기 표현에 어려움이 있는 참여자들에게 효과적이다.

• 자기와 타인 이해에 어려움이 있는 참여자들에게 효과적이다.

• 비자발적으로 교육에 참여한 대상자에게 참여의 자발성을 높인다.

- 한국어, 영어, 중국어, 일본어, 베트남어로 표현되어 한국어에 익숙하지 않은 참여자들도 사용할 수 있다.
- 짧은 시간에 효과적이고 효율적인 교육, 상담, 치료, 코칭이 가능하다.
- 쉽고 간결하게 자신과 타인의 생각, 느낌, 욕구, 태도와 행동을 표현하고 이해할 수 있다.
- 변화와 성장을 위한 행동 목표를 명료하게 구체화할 수 있다.
- 자기 성찰, 타인 이해, 문제해결력 향상에 도움을 준다.

진행 요령
- 주제와 관련된 카드를 각자 1~2장씩 선택해서 이야기를 나누게 하거나, 집단 상황 태도행동카드를 무작위로 하나씩 고르게 한 뒤에 '내가 뽑은 카드에 나온 태도와 행동을 하는 사람의 역할'이 되어 역할놀이를 한다.
- 내가 찾는 카드가 없을 경우에는 접착메모지에 써서 나만의 카드(빈 카드)에 붙일 수 있게 한다.

활용 예시 1

목적	주제에 대한 느낌 나누기
방법	① 모둠 책상 가운데에 느낌카드를 펼쳐 놓고 오늘 다룰 주제와 관련해서 내가 주로 느끼는 느낌카드를 1~2장씩 고른다. ② 모둠원들이 돌아가며 자신이 그 카드를 고른 이유를 이야기한다.

🗁 활용 예시 2

목적	갈등 상황에서 필요한 태도와 행동 탐색
방법	① 모둠원들이 갈등 상황에 대한 이야기를 나눈다. ② 집단 상황 태도행동카드를 모둠 책상의 가운데에 펼쳐 놓는다. ③ 이 갈등을 해결하는 데 도움이 된다고 생각되는 태도행동카드는 오른쪽으로, 해결에 방해가 된다고 생각되는 태도행동카드는 왼쪽으로 구분해서 옮긴다. ④ 모둠원들 간에 이견이 있는 카드에 대해서는 토론을 통해 합의하거나 가운데에 그대로 둔다. ⑤ 오른쪽에 있는 카드들 중에서 자신이 실천하고 싶은 태도행동카드를 각자 2장씩 고른다. ⑥ 모둠원들이 돌아가며 각자 고른 카드에 대해 이야기한다.

3) 인생질문사전

인생질문사전은 인생의 주요 영역인 나 돌봄, 가족관계, 대인관계, 집단관계, 자원관리 영역으로 나뉘어져 있으면서 생애주기와 상황에 따른 인생 질문이 적힌 카드이다. 교육에서 다루게 될 주제 영역의 질문카드를 통해 참여자들의 경험과 생각을 나눌 수 있다. 동기단계와 인식 단계에서 주로 활용한다.

구성

영역	질문 수	매수	시제	영역
나 돌봄	127	영역별 80	과거 현재 미래	몸, 마음, 몸과 마음, 자기계발,
가족관계	186			부모, 부부, 자녀, 형제자매, 결혼
대인관계	185			이성, 친구(동료), 선배, 후배
집단관계	113			직업, 학교, 병역, 모임, 지역사회 등
자원관리	79			경제, 여가, 나눔, 균형
계	690	400		

특징

• 과거의 삶을 긍정적으로 객관화하면서 지혜를 찾고, 긍정적 감
정, 긍정적 평가, 긍정적 대인관계로 회상하면서 자신에 대해
긍정적 재평가를 할 수 있도록 돕는다.

• 미래의 삶을 생애주기, 관계, 상황 질문을 통해서 미리 경험하
면서 필요한 준비를 돕는다.

• 현재 삶을 점검하고 다가올 미래에 고려해야 할 것들을 질문으

로 제시하여 미래의 변화와 적응에 필요한 준비를 돕는다.

🔹 진행 요령

• 카드 선택은 각자 무작위로 뽑거나 나에게 지금 필요한 질문카드를 스스로 선택하는 방법 중에 정한다. 한 장의 카드에 두세 가지 질문이 같이 있는 경우, 이 중 한 개의 질문만을 선택해서 이야기할 수도 있고 모든 질문에 대해 이야기할 수도 있다.

• 인생질문사전에 들어 있는 주사위와 메뉴얼북을 참고해서 게임방식으로 진행할 수도 있다.

• 다른 사람의 이야기에 대해 조언, 충고, 비판, 판단을 하지 않도록 미리 안내한다.

🔹 활용 예시

목적	나 돌봄 주제 탐색
방법	① 나 돌봄 영역(몸/마음/몸과 마음/자기계발)의 질문카드를 꺼낸다. ② 요즘 관심 있는 주제의 질문카드를 한 장 고른다. ③ 각자 내가 선택한 질문카드를 읽고 이야기한다. ④ 서로의 이야기를 다 듣고 나서 느낀 점을 간단히 나눈다.

4 롤플레잉 퍼실리테이션의 진행 단계

 롤플레잉 퍼실리테이션은 '동기 → 인식 → 대안(대안탐색/행동선택) → 실천 → 나누기'의 5단계로 진행된다. 동기 → 인식 → 대안탐색의 과정은 참여자들의 경험, 생각, 느낌, 아이디어가 발산되는 과정acting out이며, 행동선택 → 실천 → 나누기의 과정은 이제까지 나온 이야기들이 집단의 목표를 향해 구체적으로 수렴되는 과정acting in이다.

🗇 롤플레잉 퍼실리테이션의 진행 단계

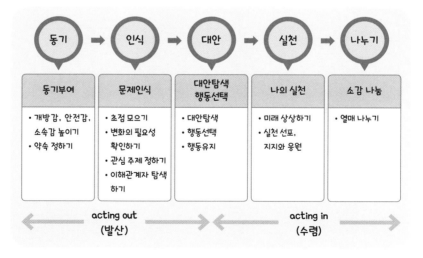

1) 동기 단계

짧은 시간 안에 집단의 개방감, 안전감, 소속감을 높여서 참여자들에게 교육에 참여할 동기를 부여해 주는 단계이다. 집단의 특성에 맞춰서 신체적 · 정서적 · 인지적 활동을 통해 참여자들에게 편안하고 안전한 분위기를 만들어 주어야 한다.

진행자는 사전에 교육의뢰기관으로부터 집단의 규모, 연령대, 성별 분포, 장애 유무, 경험 수준, 동질성, 참여의 자발성 등 참여자들에 대한 정보를 확인한 뒤에 이 단계를 설계한다. 집단의 활동은 '주변에서 중심으로'(쉬운 것, 단순한 것, 개인적인 것, 비인지적인 것에서부터 시작하여 점차 어려운 것, 복잡한 것, 집단적인 것, 인지적인 것으로) 서서히 옮겨 간다. 이 과정에서 진행자는 집단원들의 특징(자발성이 높은/낮은 사람은 누구인지, 참여를 거부하는 사람이 있는지 등)을 살피면서 활동의 수위를 조절한다.

시간은 전체 시간을 고려해서 설계한다. 동기 단계에서 참여자들의 긴장감이 해소되지 않으면 인식 단계에서 주제를 다룰 때 참여자들의 자발성이 떨어져서 집단의 역동이 일어나기 어렵다. 반대로 이 단계가 너무 길어지면 참여자들이 지루해 하고 오히려 주제로부터 이탈될 수 있다.

(1) 집단의 개방감, 안전감, 소속감 높이기

걸으며 인사하기, 릴레이 스트레칭, 꼬인 손 풀기 등의 간단한 신체 활동으로 참여자들의 긴장된 몸을 풀어 줌으로써 개방감, 안전감, 친밀감을 느낄 수 있게 한다.

낯선 분위기에 있는 참여자들에게 '여기 모인 다른 사람들도 나랑 크게 다르지 않구나' 하는 동질감과 소속감을 느낄 수 있도록 한다. 이를 위해 척도 질문에 대한 참여자들의 반응을 확인하는 소시오메트리 기법을 주로 사용한다. 진행자가 "내가 가장 좋아하는 계절은?"(봄, 여름, 가을, 겨울 중에서 선택) 또는 "내가 요즘 가장 스트레스를 받는 공간은?"(집, 학교, 회사, 지역사회 중에서 선택) 등의 척도 질문을 하면 각자 자신이 원하는 곳으로 이동하여 이야기를 나눈다. 이를 통해 진행자는 집단에 대한 정보를 수집할 수 있고, 집단의 응집력을 높일 수 있다.

걸으며 인사하기

① 모두가 자리에서 일어나 공간 이곳저곳을 천천히 자유롭게 걷는다.
② "눈인사 나누세요"라고 말하면 걷다가 마주 보는 사람들과 일대일로 눈인사를 한다.
③ "5명이 모여 서로 인사하세요"라고 말하면 가까이 있는 사람들과 모여서 짧게 자기소개를 한다.

◎ 릴레이 스트레칭

① 모두가 둥글게 모여 선다.

② 한 사람이 하나의 스트레칭 동작을 하면 다른 사람들이 이를 따라 한다.

③ 진행자부터 스트레칭 동작을 시작하고 한 방향으로 이어 간다.

◎ 꼬인 손 풀기

① 모두가 둥글게 모여 선다.

② 오른손이 왼손 위에 올라가도록 한다. 이때 오른손은 손등이, 왼손은 손바닥이 보이도록 한다.

③ 옆 사람과 손을 연결해 원을 만든다.

④ 서로의 손을 놓지 않은 상태에서 몸을 움직여 엉킨 상태를 풀어 원을 만들라고 한다.

⑤ 모두가 안쪽을 바라본 상태에서 꼬인 손이 풀린 상태가 되면 성공한 것이다(참여자들이 서로 소통하면서 계속 움직이며 시행착오를 거쳐야 풀 수 있다. 두 사람이 손을 들어 터널을 만들고, 그 사이로 사람들이 차례로 들어가면 자연스럽게 엉킨 상태가 풀어진다).

(2) 약속 정하기

참여자들이 어떤 비판의 두려움 없이 자신의 생각과 느낌을 말할 수 있는 분위기, 즉 '심리적 안전감' 형성은 이 단계에서 중요한 목적이다. 참여자들 간에 무비판적이고 비위협적인 분위기를 만들기 위해 서로가 지켜 주었으면 하는 태도나 행동을 약속으로 만들고 자발적으로 실천할 수 있도록 한다. 개인이 실천하고 싶은 약속을 만들 수도 있고, 역할놀이로 서로가 원하는 태도와 행동에 대해 이야기를 나눌 수도 있다.

◎ 개인 실천 약속 정하기

① 참여자들에게 종이와 펜을 하나씩 나누어 준다.

② 서로 불편하지 않고 즐겁게 참여하기 위해 내가 할 수 있는 실천을 생각해 보고 종이에 작성한다. 이때 추상적인 내용이 아니라 구체적인 행동이나 태도로 작성하게 한다[예: 경청하겠다(X), 남의 말을 중간에 끊지 않겠다(O)].

③ 각자 자신의 약속문을 다른 사람이 볼 수 있도록 들고 다니며 다른 사람과 일대일로 만나 자신의 실천 약속을 말한다.

④ 다른 사람들과 만나면서 이를 반복한다.

◎ 집단 실천 약속 정하기

① 참여자들을 A, B 모둠으로 나눈다.

② 가상의 상황(교육을 시작하는 상황 혹은 회의하는 상황 등)을 제시하고, 모둠별로 그 상황에서 집단의 구성원들이 불편해 할 만한 태도와 행동은 무엇일지 이야기 나눈다.

③ 각자 한 가지씩 태도와 행동을 선택해서 상황극을 만든다.

④ A 모둠이 상황극을 보여 주면 어떤 태도와 행동들이 나왔는지 B 모둠원들이 맞힌다.

⑤ 이번에는 B 모둠이 상황극을 보여 주고 A 모둠원들이 맞힌다.

⑥ 모두 자리에서 일어나 둥글게 서서 한 명씩 돌아가며 '오늘 나는 교육에 어떻게 참여하겠다'는 약속을 말한다.

2) 인식 단계

주제와 관련한 참여자들의 다양한 경험과 생각이 드러나면서 문제를 정의하거나 변화의 필요성을 확인하는 단계이다. 인식 단계에서는 펼쳐진 이야기들 속에서 이번 회기에 다룰 중심 주제를 정해 목표를 구체화한다. 롤플레잉 퍼실리테이션에서 가장 중요한 단계라고 할 수 있다.

참여자들의 이야기를 통해 진행자는 집단의 인식 수준을 구체적으로 파악할 수 있다. 무엇이 문제인지가 서서히 드러나면서 참여자들의 욕구도 표현된다.

(1) 초점 모으기

소시오메트리, 브레인스토밍, 인생질문사전, 라이프밸런스플러스카드, 한 장면 만들기 등으로 앞으로 진행될 주제와 관련한 참여자들의 경험이나 인식 수준, 관심사 등을 확인한다. 참여자들의 이야기를 토대로 오늘 다룰 주제로 초점을 모아 나간다.

◎ **인생질문사전(예: 회복탄력성 워크숍)**
① 인생질문사전에서 '나 돌봄' 질문세트를 꺼내 책상 위에 펼쳐 놓는다.
② 나에게 필요한 질문이라고 생각되는 질문을 한 장씩 고른다.
③ 각자 질문을 고른 이유와 질문에 대한 자기 생각을 말한다.

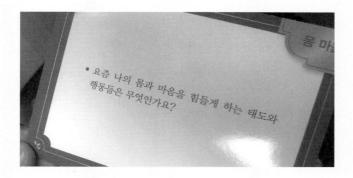

🎯 **라이프밸런스플러스카드(예: 주민자치위원 역량 강화 교육)**

① 모둠별로 라이프밸런스플러스카드 중 '가치카드'를 나누어 준다.

② 주민자치가 갖는 가치에 대해 모둠원들끼리 토론하고 20장의 카드를 고른다.

③ 모둠별로 돌아가며 카드를 한 장씩 읽는다. 이때 A 모둠에서 읽은 카드가 B 모둠에도 있다면 B 모둠은 '빙고'를 외치면서 A 모둠과 B 모둠은 해당 카드를 뒤집는다.

④ 다 읽었으면 모둠별로 뒤집어진 카드와 남은 카드를 구분한다.

⑤ 모둠별로 남은 카드에 대해 고른 이유를 간단히 설명한다.

⑥ 빙고게임을 마치며 드는 생각과 느낌을 나눈다.

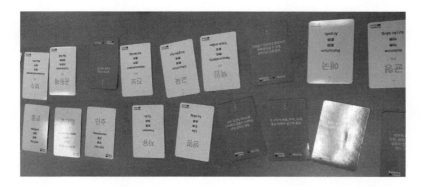

(2) 변화의 필요성 확인하기

이제까지 나온 이야기들을 가지고 지금 상황에 대한 변화의 필요성을 확인한다.

◎✦ 소시오메트리(예: 회의 운영 개선 워크숍)
① 우리 부서에서 일주일 동안 개최되는 회의의 종류와 운영 방식에 대해 자유롭게 의견을 나눈다.
② 바닥을 세 곳으로 나누고 각각 '회의 운영 방식에 변화가 꼭 필요하다' '변화의 필요성은 있다' '변화가 필요 없다'로 장소를 지정한다.
③ 각자 생각하는 장소로 이동해 모둠을 만든다.
④ 모둠별로 왜 그렇게 생각하는지 다른 모둠에게 설명한다. 다른 모둠의 설명을 듣고 생각이 바뀌었다면 그 모둠으로 이동할 수 있다.

(3) 관심 주제 정하기

주제와 관련된 여러 측면의 이야기들이 나왔다면 이번 회기에 다룰 관심 주제를 정한다. 전체 진행 시간에 여유가 있다면 참여자들의 우선순위에 따라 관심 주제를 한 개 이상 정할 수도 있다.

◎✦ 한 장면 만들기(예: 헌법 기본권 인권감수성 교육)
① 헌법에 나온 평등권 조항을 다 같이 읽는다.
② 바닥을 네 곳으로 구분하고 각각을 가족, 학교, 회사, 지역사회로 지정한다.
③ 차별을 받았던 경험이 있는 영역으로 이동해 모둠을 만든다.
④ 모둠원들끼리 자신의 경험을 나눈다.
⑤ 나온 이야기 중에 한 가지를 정해 한 장면 만들기를 한다.
⑥ 모둠별로 발표한다.

⑦ 발표가 끝나면 역할 털기[3]를 한다.

⑧ 발표한 장면들 중에서 오늘 더 깊게 다뤄 보고 싶은 주제를 한 가지 정한다.

(4) 이해관계자 탐색하기

관심 주제와 관련된 관계자들을 찾아보고 이들의 욕구나 느낌을 탐색한다. 역할놀이로 각각의 입장이 되어 이야기를 나눈다.

◎★ **이해관계자 탐색(예: 갈등관리 워크숍)**

① 공동주택에서 반려동물 때문에 생기는 주민들 간 갈등에는 어떤 것이 있는지 이야기 나눈다.

② 구체적인 갈등 상황을 참여자들과 설정한다.

---

3) 손으로 팔을 쓸어내리거나 역할이름표를 떼어내는 등의 행위를 하면서 맡았던 역할에서 벗어나는 것. 역할놀이가 끝난 뒤에는 반드시 역할 털기를 해야 한다. 역할 털기가 생략되면 참여자들은 그 역할 속에서 빠져나오지 못한 채 그 역할자의 입장에서 계속 이야기하는 등 진행에 혼란을 주게 된다.

③ 이 갈등 상황에 관련된 이해관계자들(입주자 대표, 관리소장, 부녀회장, 반려동물을 키우는 1인 가구, 반려동물을 키우지 않는 1인 가구, 어린아이가 있고 반려동물을 키우지 않는 사람, 반려동물을 키우지 않지만 반려동물을 좋아하는 사람 등)을 찾아 종이에 하나씩 적는다.

④ 역할이 적힌 종이를 바닥에 펼쳐 놓으면 각자 맡고 싶은 역할 종이를 가져간다.

⑤ 진행자가 역할자들과 미니 인터뷰를 통해 각 역할자의 입장과 욕구를 확인한다.

⑥ 진행자가 역할자들에게 이 갈등은 '해결 가능하다(A)'와 '불가능하다(B)'의 2개 입장 중에 어느 입장인지 A와 B로 나눠서 서 보라고 한다.

⑦ A 그룹에게 왜 그렇게 생각하는지 묻는다.

⑧ B 그룹에게는 그곳에 선 이유가 '해결해야 할 문제이지만 해결이 쉽지는 않다(C)'고 생각하는 것인지 '해결 가능성이 전혀 없다(D)'고 생각하는 것이지 묻고 다시 C와 D로 나눠서 서 보라고 한다.

⑨ D 그룹에게 왜 그렇게 생각하는지 묻는다.

⑩ A와 C 그룹이 '왜 꼭 해결되어야 하는 문제인지' '어떻게 해결할 수 있는지' 등에 대해 D 그룹에게 이야기한다.

⑪ 이야기를 듣고 생각의 변화가 있는 사람은 D 그룹에서 빠져나온다.

⑫ 다 같이 모여 구체적인 해결 방법에 대해 이야기 나눈다.

⑬ 나온 이야기를 바탕으로 5개 항목의 주민약속문을 함께 작성한다.

3) 대안 단계

주제와 관련한 대안들을 탐색하고 그중에서 실행 가능한 행동을 선택하는 단계이다. 선택한 행동의 지속성을 위해 실행에 도움이 되는 디딤돌과 방해가 되는 걸림돌을 찾는 활동을 한다.

(1) 대안탐색

변화된 인식을 토대로 여러 가지 대안을 탐색한다. 주제에 따라 대안을 '제도' '문화' '개인'의 측면으로 구분해서 탐색할 수도 있다.

◎ 브레인스토밍(예: 회의 운영 개선 워크숍)
① 참여자들에게 메모지를 나누어 준다.
② 지금까지 나온 회의 운영 방식의 문제를 해결하기 위해 어떤 개선 방안이 있을
   지 메모지에 작성한다.
③ 각자 쓴 것을 이야기한다.
④ 비슷한 것끼리 메모지를 분류한다.
⑤ ④를 회의 '내용'과 관련된 것과 '형식'과 관련된 것으로 구분한다.
⑥ ⑤를 보면서 드는 생각과 느낌을 서로 나눈다.

◎ 갤러리 워크
① 모둠을 3개로 나누고 각각 제도적 측면, 문화적 측면, 개인적 측면에서의 대안을
   찾도록 한다. 모둠별로 결과물을 전지에 정리해서 벽에 붙인다.
② 미술관에서 작품을 감상하며 걷는 것처럼 각자 이동하면서 다른 모둠의 결과물
   을 살펴본다. 추가하고 싶은 아이디어가 있으면 메모지에 적어 붙인다.
③ 자기 모둠으로 돌아와서 어떤 내용들이 추가되었는지 확인한다.

(2) 행동선택

대안으로 나온 내용 중에 상황과 능력에 맞는 행동 목록을 선택한다. 행동 목록을 작성할 때는 구체적(specific)이고, 측정 가능(measurable)하며, 달성할(achievable) 수 있고, 현실적(realistic)이며, 기한을 정하는(time-bound) 것이 좋다.

◎ 스티커 투표

① 대안으로 나온 것들을 칠판이나 벽에 붙여 모두가 볼 수 있도록 한다.

② 투표하기 전에 투표 방법과 투표 결과를 어떻게 활용할지 정한다(최다 득표순으로 3개를 선정한다. 1인이 5개까지 투표할 수 있다 등).

③ 각자 어떤 대안에 투표할지 마음속으로 정하거나 메모지에 적는다.

④ 투표한 뒤에 결과를 확인한다.

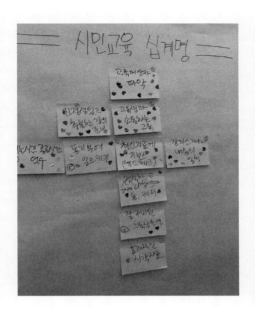

(3) 행동유지

실행에 방해가 되는 걸림돌과 실행을 촉진하는 디딤돌(개인의 습관, 관행, 문화, 구조 등)을 찾아봄으로써 실행의 지속성을 높일 수 있게 한다.

◎ 라이프밸런스플러스카드(예: 조직 갈등 해결 워크숍)
  ① 모둠별로 라이프밸런스플러스카드 중에 '집단 상황 태도행동카드'를 한 세트씩 나누어 준다.
  ② 갈등 해결에 도움이 되는 태도행동카드를 각자 3장씩 고르고 이야기 나눈다.
  ③ 서로의 카드를 모아서 탑을 쌓는다. 탑이 잘 올려지지 않으면 덜 중요하다고 생각되는 카드를 하나씩 제거하고, 가장 중요하다고 생각되는 카드를 맨 위에 올린다.

4) 실천 단계

미래를 상상하면서 개인적·집단적 실천을 다짐하는 단계이다. 개인적 실천을 선포하고 참여자들이 서로 지지와 응원을 보내 줌으로써 책임성과 자신감을 높일 수 있다.

(1) 미래 상상하기

행동을 통해 미래에 어떤 변화가 있을지를 상상하고 뉴스 만들기, 집단 조각상 만들기 등으로 표현한다.

◎ 뉴스 만들기(예: 조직 소통 워크숍)

① 모둠별로 조직 소통 워크숍 이후 조직에서 어떤 변화가 나타날지를 상상한다.

② 구체적인 변화의 모습을 뉴스로 보여 준다고 가정하고, 뉴스 구성에 대해 이야기 나눈다.

③ 뉴스에 등장하는 인물들을 정하고 역할을 나눈다(앵커, 기자, 인터뷰할 인물 등)

④ 모둠별로 뉴스를 만들어 보여 준다.

⑤ 발표가 끝나면 역할 털기를 한다.

◎ 집단 조각상 만들기

① 모둠별로 오늘 나온 대안들이 실현된다면 미래에 어떤 장면들이 나타날지 상상한다.

② 모둠원들이 그 장면을 집단 조각상으로 표현한다. 도슨트(안내자)를 한 명 정한다.

③ 모둠별로 집단 조각상을 보여 주고 도슨트가 설명한다.

(2) 실천 선포, 지지와 응원

개인적 실천 약속을 공개적으로 알리고 집단원들이 이를 지지하고 응원함으로써 개인의 실천의지를 높인다. 셀프 시상식이나 내가 듣고 싶은 말은 참여자들이 1:1로 만나 역할교대 방식으로 한다.

◎ **꽃길 통과하기**
　① 참여자들이 두 줄로 서로 마주보고 서서 길을 만든다.
　② 한 사람씩 주인공이 되어 길이 시작되는 곳에 선다.
　③ 주인공은 자신이 메모지에 쓴 실천 약속을 크게 읽고 길을 걸어 간다. 이때 다른
　　 참여자들은 박수와 환호를 하며 주인공을 격려해 준다.
　④ 길을 통과한 주인공은 길의 끝에 서서 길을 연장한다.

◎ **셀프 시상식(예: 헌법 기본권 인권감수성 교육)**
　① 참여자들에게 상장 양식과 펜을 나누어 준다.
　② 일상에서 차별을 없애거나 줄이기 위해 내가 할 수 있는 실천을 생각해 본다.
　③ 내가 '인권지킴이상'을 받는다고 상상하고, 상장 양식에 내용을 기록한다.
　④ 두 명씩 짝을 지어 서로의 상장을 바꾼다.
　⑤ 한 사람은 상을 주는 사람, 다른 한 사람은 상을 받는 사람의 역할이 되어 시상
　　 을 한다(내가 쓴 상장을 내가 받는다).

◎ 듣고 싶은 말(예: 주민자치위원 역량 강화 워크숍)

① 참여자들에게 종이와 펜을 나누어 준다.

② 내가 주민자치위원으로서 활동을 마칠 때 우리 동네 주민들로부터 어떤 말을 듣게 된다면 보람이 있을 것 같을지 종이에 작성한다.

③ 자리에서 나와 각자 듣고 싶은 말이 작성된 면을 바깥으로 향하도록 들고 선다.

④ 다른 사람과 일대일로 만나 마주 보고 상대방이 작성한 글을 주민의 역할이 되어 서로 말해 준다.

⑤ 다른 사람들과 만나면서 이를 반복한다.

5) 나누기 단계

모든 활동이 끝나면 오늘 교육을 회고하며 소감을 나눈다. 다 같이 둥글게 모여서 시작했다면 나누기도 같은 방식으로 하면 좋다. 참여자들은 나누기를 통해 각자의 느낌과 생각을 정리할 수 있고, 다른 사람들의 이야기를 들으며 미처 생각하지 못했던 부분을 새롭게 인식하게 되기도 한다.

◎ 소감 나누기

① 모두가 둥글게 모여 선다.

② 오늘 교육을 받기 전과 받은 후 내 생각에 변화가 있다면 한 발 앞으로, 많은 변화가 있다면 두 발 앞으로, 변화가 없다면 그 자리에 그대로 있으라고 한다.

③ 진행자가 "하나, 둘, 셋!"이라고 외치면 참여자들이 동시에 움직인다.

④ 제자리로 이동한 뒤 한 명씩 돌아가며 소감을 말한다.

🎯 **열매 나누기**

① 참여자들에게 메모지와 펜을 나누어 준다.

② 오늘 교육을 통해 도움받은 것과 기억에 남는 것을 하나씩 각각의 메모지에 작성
한다.

③ 전지나 현수막에 메모지를 붙인다.

④ 한 명씩 돌아가며 오늘 어떤 열매를 가져가는지 이야기한다.

롤플레잉 퍼실리테이션의 기획

1) 사전 점검 사항

(1) 목적과 목표

교육 의뢰를 받았을 때 가장 먼저 해야 할 일은 교육의 목적을 확인하는 것이다. 왜 이 주제로 교육을 하려고 하는가, 정기적으로 하는 의무교육인가, 내부적으로 어떤 사안이 발생해서 교육을 요청하는 것인가 등 교육의뢰자의 의도를 정확히 파악하는 것이 중요하다. 또 교육에 참여하게 될 대상들이 갖고 있는 욕구와 필요(그들이 교육에 참여한다면 어떤 이유 때문인가)에 대해서도 담당자로부터 청취하는 게 필요하다.

이렇게 해서 목적이 확인되었다면 진행자는 구체적으로 교육의 목표를 설정한다. 목표는 목적 실현을 위한 구체적인 결과이다. "다섯 가지 마을 의제를 도출한다" "~를 위한 개인적 실천을 말할 수 있다"와 같이 정량화된 지표나 구체적인 태도나 행동으로 표현한다.

(2) 대상

교육 참여자들이 누구인지를 확인한다. 참여 인원, 참여자들의 나이, 성별, 직업, 경력, 장애 유무 등 참여자들의 기본 사항과 함께 주

제와 관련된 교육 경험, 집단의 동질성, 응집력, 집단 내 적대적 관계
여부, 주제와 관련한 갈등상황 등 집단의 특성을 미리 파악해야 한
다. 참여자들이 서로 아는 관계인가 아니면 전혀 모르는 관계인가,
같은 조직의 사람들이라면 직급이 같은 사람들인가 아니면 서로 다
른 직급이 섞여 있는가 등 집단의 특성에 따라 같은 주제라도 진행
자의 질문과 전체적인 구성은 달라져야 한다.

(3) 시간

시간은 교육의 목적·목표 설정과 밀접하게 연관되어 있다. 교육
시간은 몇 시간인가, 한 번으로 끝나는 교육인가 아니면 다회기 교
육인가, 일주일에 한 번씩 4주간 진행되는 교육인가 아니면 1박 2일
간 합숙하며 진행되는 교육인가 등 교육이 진행되는 시간, 횟수, 주
기에 따라서 교육 기획이 달라진다. 가장 좋은 경우는 교육을 의뢰
하는 기관과 미리 의견을 나누면서 교육의 목적과 목표에 맞게 교
육 시간과 횟수, 주기 등을 사전에 합의하는 것이다. 그러나 안타깝
게도 교육 일정과 시간이 이미 확정된 상태에서 교육을 의뢰받는 경
우가 대부분이다. 진행자의 입장에서는 최소 4시간은 필요한 주제
인데 의뢰하는 쪽에서는 2시간밖에 배정할 수 없다고 한다면 어떻
게 해야 할까? 답은 간단하다. 차로 4시간 걸려 갈 수 있는 종착지와
2시간 걸려 갈 수 있는 종착지는 다를 수밖에 없다. 교육도 마찬가지
이다. 2시간 교육을 통해 달성할 수 있는 목표를 설정하고 그에 맞는
기획을 하면 된다.

(4) 장소

교육이 진행되는 장소가 어떤 곳인가에 따라 프로그램의 내용과 활동 범위가 달라질 수밖에 없다. 장소는 강의실, 회의실, 강당, 시청각실, 식당, 카페, 계단식 구조, 좌식 구조 등 의뢰기관의 형편에 따라 다르므로 사전에 온라인에서 확인하거나 의뢰기관 담당자에게 장소 사진을 요청한다. 모둠 활동을 위해서는 책상과 의자가 이동 가능해야 한다. 공간의 크기는 참여 인원의 최소한 2~3배 정도가 되는 곳이 적당하다. 그 외에 빔프로젝터, 스크린, 노트북, 음향, 마이크, 칠판(이동식인지, 고정식인지), 인터넷 등 기자재와 냉난방 상태, 벽면 활용 가능 여부 등도 확인한다.

2) 기획안 작성

기획안은 교육 진행에 있어서 '지도'와 같은 역할을 한다. 진행 단계에 따라 소요시간, 활동 내용, 준비물, 프로그램 진행 시 유의해야 할 사항 등을 기획안 양식에 작성한다.

🜔 기획안 양식

주제			
일시		소요시간	
대상		인원	
장소			
목적			
목표			

진행 단계	소요 시간	활동 내용	준비물
동기			
인식			
대안			
실천			
나누기			
준비물	기관		
	강사		
유의 사항			

3) 담당자에게 기획안 전달

기획안을 의뢰기관 담당자에게 전달하고 기관에서 준비할 물품과 변동사항이 있는지를 확인한다.

4) 교육 진행(예)

☑ **주제**: 팀 내 갈등 예방 워크숍
☑ **대상**: 팀장과 팀원 20명
☑ **시간**: 2시간

단계	키워드	소요 시간	활동 내용	기법
동기	집단의 개방감과 동기부여	20	• 신체적 워밍업: 릴레이 스트레칭 • 정서적 워밍업: 오늘 나의 기분은? • 인지적 워밍업: 우리 팀에서 갈등을 다루는 수 준, 앞으로 변화되었으면 하는 수준은?	롤플레잉 소시오메트리
인식	초점 모으기	30	• 어떤 갈등이 있을까?: 그룹별로 갈등 유형이 나 상황 탐색 후 빙고판에 작성하기 • 그룹별로 가상의 갈등 상황 보여 주기 • 이러한 갈등 상황에서 사람들은 주로 어떤 느 낌을 받는지 메모지에 감정 단어를 작성하고 분류하기	브레인스토밍 롤플레잉
인식	변화의 필요성	30	• '변화가 필요 없다' '필요성은 있다' '꼭 필요 하다' 중에서 각자 이동해 그룹 만들기 • 그룹별로 다른 그룹에게 그 이유 말하기	소시오메트리
인식	변화 요인	30	• '조직문화' '조직제도' '조직구성원' 중에서 각 자 관심 주제로 이동해 그룹 만들기 • 그룹별로 왜 이 요인의 변화가 필요한지에 관 해 이야기 나누기	소시오메트리
인식	관심 주제 정하기	30	• 세 가지 요인 중 다루고 싶은 주제 한 가지 정 하기	
대안	대안 탐색	30	• 그룹별로 대안탐색하기 • 갤러리 워크: 그룹을 이동하며 다른 그룹에 서 나온 대안에 아이디어 추가하기 • 원래 그룹으로 돌아와서 최종 대안 정리하기	브레인스토밍
대안	행동 선택	20	• 구체적인 것, 측정 가능한 것, 변화에 직접적 영향을 주는 것, 실천가능한 것 등을 기준으 로 선택하기	
실천	나의 실천	10	• 꽃길 통과하기: 팀원들이 양쪽으로 서 있는 상태에서 한 명씩 나와서 실천 약속을 말하고 걸어가기. 이때 팀원들은 박수로 환호하며 응 원하기(뉴스 만들기, 셀프시상식, 터널 뚫기 등으로 대체할 수 있음)	롤플레잉
나누기	소감 나눔	10	• 둥글게 서서 오늘 시작 전과 지금의 생각의 변화 확인하기 • 열매 나누기: 각자 메모지에 '오늘 이 시간 내 가 가져가는 열매'(도움받은 것, 기억에 남는 것)를 작성해 칠판에 붙이고 공유하기	소시오메트리

예시를 보고 내가 만약 이 주제로 교육을 의뢰받았다면
어떻게 기획할지 새롭게 작성해 보자.

예시 1

주제	안전한 집단 환경 만들기		
일시	20○○년 ○월 ○일	소요시간	50분
대상	불특정 다수	인원	30명 이내
장소	모둠별 활동이 가능한 공간		
목적	안전한 관계 맺기를 위해서 개인의 욕구를 롤플레잉으로 안전하게 표현하여 상호 이해를 높인다.		
목표	① 관계의 안전에 관한 개인의 가치 표현 ② 관계의 안전과 관련한 개인의 욕구 표현 ③ 관계의 안전을 위한 집단 분위기 조성		

진행 단계	소요 시간	활동 내용	준비물
동기	5	• 질문: 어떤 기분으로 돌아가고 싶은가? • 기분 상태에 따라 좋음/무덤덤/나쁨으로 집단을 나누고 이야기 나누기	
인식	15	• 질문: 집단원 A는 불참, B는 적극 참여했다. 무슨 일이 있었을까? • 불참과 적극 참여 이유를 역할놀이로 보여 주기	
대안	15	• 적극 참여를 위해 필요한 언어와 행동을 한 가지씩 접착메모지에 작성하기 • 같은 생각을 가진 사람들끼리 모이도록 하고, 접착메모지는 칠판에 붙여서 집단 규칙 만들기	칠판, 접착메모지, 펜
실천	5	• 각자 실천하고 싶은 것에 스티커 붙이기	스티커
나누기	10	• 열매 나누기: 도움이 된 것과 기억에 남는 것을 적어서 열매로 표현하고 칠판에 붙이기 • 집단원 중에서 시간을 고려해 몇 명만 이야기 하기	칠판, 접착메모지, 펜

준비물	기관	칠판, 접착메모지, 펜
	강사	스티커
유의 사항		

내가 진행한다면!

주제	안전한 집단 환경 만들기			
일시			소요시간	50분
대상	불특정 다수		인원	30명 이내
장소	모둠별 활동이 가능한 공간			
목적				
목표				

진행 단계	소요 시간	활동 내용	준비물
동기			
인식			
대안			
실천			
나누기			
준비물			
유의 사항			

예시 2

주제	지역 돌봄 의제 만들기		
일시	20○○년 ○월 ○일	소요시간	50분
대상	마을활동가	인원	30명 이내
장소	모둠별 활동이 가능한 공간		
목적	마을공동체가 추진할 지역 돌봄 의제 도출		
목표	① 돌봄 욕구 탐색 ② 모둠별로 지역 돌봄 의제 도출		

진행 단계	소요 시간	활동 내용	준비물
동기	5	• 질문: 어떤 돌봄 의제에 관심이 있나요? • 영유아, 취학아동, 장애인, 노인 등으로 집단을 나누고 이야기 나누기	
인식	10	• 이들을 돌봐야 하는 주체들의 욕구(어려움) 탐색하기	라이프밸런스플러스카드(욕구카드)
대안	15	• 이 어려움을 해결하기 위해 협력할 수 있는 지역자원(사람, 기관, 단체 등) 연결하기 • 갤러리 워크로 아이디어 추가하기	전지, 매직, 접착메모지
실천	15	• 모둠별로 '지역에서 함께 돌보는 사람들'을 주제로 뉴스 만들어 발표하기	
나누기	5	• 소시오메트리로 소감 나누기	

준비물	기관	전지, 매직, 접착메모지
	강사	라이프밸런스플러스카드(욕구카드)

유의 사항	

✏️ 내가 진행한다면!

주제	지역 돌봄 의제 만들기			
일시			소요시간	50분
대상	마을활동가		인원	30명 이내
장소	모둠별 활동이 가능한 공간			
목적				
목표				

진행 단계	소요 시간	활동 내용	준비물
동기			
인식			
대안			
실천			
나누기			
준비물			
유의 사항			

예시 3				
주제	위기를 기회로 만드는 갈등관리 태도와 행동			
일시	20○○년 ○월 ○일		**소요시간**	60분
대상	불특정 다수		**인원**	30명 이내
장소	모둠별 활동이 가능한 공간			
목적	갈등 상황에서 드러나는 태도와 행동을 탐색하고 롤플레잉으로 역할 속에서 경험하여 위기를 기회로 만드는 태도와 행동을 학습한다.			
목표	① 갈등 상황에서 드러나는 긍정적 · 부정적 태도와 행동 인식하기 ② 태도와 행동이 갈등에 미치는 영향 인식하기 ③ 위기를 기회로 만드는 태도와 행동 찾아내기			

진행 단계	소요 시간	활동 내용	준비물
동기	10	• 질문: 갈등 상황에서 자신의 태도와 행동에 대한 만족도는? • 소시오메트리(0~10점)로 표현하기	
인식	25	• 가상 상황: 마을 기금을 어떻게 사용할 것인가를 결정해야한다. 제시된 방법은 개인에게 나누거나 마을 운동기구를 구입하는 것이다. • 모둠별로 갈등을 대하는 태도와 행동을 라이프밸런스카드를 활용하여 회의하는 모습 만들기: 경쟁(적대/비판), 회피(방관, 무관심), 협력(양보, 협의) • 발표하는 사람들의 태도와 행동 특징을 관객들(다른 모둠의 참여자들)이 맞히기	라이프밸런스 플러스카드 (집단 상황 태 도행동카드)
대안	5	• 위기를 기회로 만들기 위한 언어와 행동을 각자 한 가지씩 접착메모지에 작성하기	접착메모지, 펜
실천	10	• 내가 실천하고 싶은 태도와 행동을 종이에 적고 다른 사람과 일대일로 만나 선포하기. 이야기를 들은 사람은 상대방의 종이에 사인을 해 주거나 스티커를 붙여 주고 "최고야!"라고 말해 주기	A4용지, 스티커, 펜
나누기	10	• 열매 나누기: 도움이 된 것, 기억에 남는 것을 적어서 열매로 표현하고 칠판에 붙이기 • 집단원 중에서 시간을 고려하여 몇 명만 이야기 하기	칠판, 접착메모지, 펜
준비물	기관	접착메모지, 펜, A4 용지, 칠판	
	강사	라이프밸런스플러스카드(집단 상황 태도행동카드), 스티커	
유의 사항			

5
롤플레잉 퍼실리테이션의 기획

내가 진행한다면!

주제	위기를 기회로 만드는 갈등관리 태도와 행동			
일시			소요시간	60분
대상	불특정 다수		인원	30명 이내
장소	모둠별 활동이 가능한 공간			
목적				
목표				

진행 단계	소요 시간	활동 내용	준비물
동기			
인식			
대안			
실천			
나누기			
준비물			
유의 사항			

6 롤플레잉 퍼실리데이터의 유의사항

사전 점검

- 진행자의 심리 상태와 체력 상태를 점검한다.
- 집단의 목적(의뢰기관의 목적, 참여자의 목적, 진행자가 생각하는 목적)을 점검한다.
- 집단의 특성(성별, 나이, 장애 여부, 집단 내 적대적 관계 여부 등)을 점검한다.
- 장소(밀폐된 곳인가, 개방적인 곳인가, 책상과 의자의 이동이 자유로운가), 주위 환경, 교육진행 준비물(의뢰기관에서 준비할 것과 진행자가 준비할 것)을 점검한다.
- 참여자들이 집단에 오기까지 교통편, 시간 내는 것, 환경 등을 고려하여 시간 배분을 한다.
- 실내 온도와 조명과 시계, 좌석 배치가 적절한지 확인한다.
- 음료 등 참여자들에게 제공되는 물품들을 확인한다.

동기 단계

- 집단에 온 것을 격려하고 비밀보장 얘기로 안심하게 한다.
- 분야의 전문가임을 알리며 신뢰감을 준다.
- 진행에서 신체 접촉을 어떻게 할지 안내한다(신체 접촉은 안 하는 것이 가장 좋으며, 필요할 시에는 미리 안내한다).
- 진행 내용에 대한 이해도를 확인한다.

- 진행 시간(휴식 시간 포함), 순서, 방식을 안내한다.
- 주제에 대한 인식을 확인한다.
- 참여자들의 두려움과 궁금증을 확인한다.
- 참여자들의 기대를 확인한다.
- 진행하는 데 필요한 규칙을 안내한다.
- 참여자의 비자발성, 비표현성을 허용한다.

인식 단계

- 참여자가 다른 사람들과도 다르지 않다는 것을 알린다(누구나 잘 살고 싶고, 잘 지내고 싶다는 기본적 욕구는 다르지 않으며, 이것에 도달하기 위한 생각의 기준이나 행동이 다를 뿐 본질은 같다).
- 참여자가 말하는 경계나 선을 넘지 않은 범위에서 얘기한다.
- 비난하지 않고, 평가하지 않고, 가르치려고 하지 않는다.
- 진행 시간이 넘어가거나 종결의 시점을 결정할 때는 사전에 안내한다.
- 참여자와 너무 밀착하지 않고 거리두기를 한다.
- 진행자의 잦은 제스처(끄덕임, '네~')가 습관화되는 것을 경계한다.
- 진행 중에 시간을 자주 보는 것을 자제하고, 참여자와 얼굴을 보면서 집중하는 태도를 갖는다.
- 참여자가 이야기한 것을 정리해서 한 번 더 말해 주는 반영과 명료화를 시도한다.
- 참여자의 목적과 집단의 목적을 유지한다.
- 진행자는 가치중립적 입장에서 진행한다.
- 참여자들이 토론과 논쟁을 할 때는 상대방을 굴복시키거나 승패를 가리기 위한 것이 아니라는 점을 안내한다.
- 롤플레잉이 끝나면 그 역할에서 벗어나도록 역할 털기를 한다.
- 참여자의 실수나 실패를 허용한다.

- 대안탐색은 양적인 것에서 질적인 것으로 나아간다.
- 참여자의 자유로운 선택과 결정을 존중한다.
- 걸림돌과 디딤돌 탐색을 통해 선택한 행동이 유지될 수 있도록 한다.

실천 단계

- 새롭게 인식하게 된 것이 일상생활에서 이어지도록 안내한다.
- 실천계획은 구체적이고 즉각 실천이 가능한 것으로 안내한다.
- 개인의 실천의지와 실천계획에 대해 참여자들이 다 같이 응원하고 격려한다.

나누기 단계

- 참여자 모두의 노력에 대해서 반드시 지지하고 격려한다.
- 참여자들이 경험한 것들에 대해서 충분한 나누기를 한다.
- 참여자들의 처음의 기대가 어떻게 반영되었는지 확인한다.
- 나누기를 할 때 토론이나 논쟁이 되지 않도록 진행한다.

Chapter **4**

롤플레잉
퍼실리테이션 기법

1 롤플레잉 3대 기법

　롤플레잉의 3대 기법은 이중자기법, 거울기법, 역할교대기법이다. 3대 기법의 궁극적인 목적은 자신과 타인을 분별하고 주체적인 인간으로서 자기를 책임지는 자기책임성과 더불어 살아가는 데 필요한 공동창조성을 향상하는 것이다.

　롤플레잉의 사례를 통해서 3대 기법을 살펴보자.

☑ 사례

> 집 앞에 눈이 쌓여 있다. 건물관리인이 있지만 출근 전이어서 치우지 못해서 많이 미끄럽다. B씨는 순간 눈을 먼저 본 사람이 치워야 하나 망설였다.

1. 이중자기법

올바른 상황 인식을 위해서는 자신의 욕구, 가치, 느낌, 태도와 행동을 입체적으로 보는 노력이 필요하다. 이중자기법은 입체적인 방식으로 자신을 객관화하는 기법이다.

이중자기법 '자신의 내면과 외면을 타인의 롤플레잉을 통해서 나와 타인을 개별화하기'

이중자 1: "안전해지고 싶다." "추워서 내가 나서고 싶지는 않다."

이중자 2: "돈을 받고 일하는 사람이 있는데 내가 왜……."

　　　　 "함께 사는 사람으로서 타인을 위해서 노력해야 해."

이중자 3: "아, 추워." "귀찮아." "뿌듯해."

이중자 4: 비난하기, 외면하기, 청소하기

주인공의 욕구, 가치, 느낌, 태도와 행동을 대변하는 이중자 1, 이중자 2, 이중자 3, 이중자 4가 주인공 주변에서 롤플레잉을 한다.

 이중자기법이 필요한 대상

① 자신에 대한 이해가 부족한 사람

② 자신에 대한 주관성이 강한 사람

③ 자신을 알고 싶어 하는 사람

④ 자신의 상태가 관계에 미치는 영향을 알아야 할 필요성이 있는 사람

⑤ 타인에게 지나치게 의존적이거나 예민한 사람

⑥ 자기주장이 지나치게 강한 사람

⑦ 자기주장이 독선적인 사람

 이중자기법 적용 시 유의사항
───────────────────────────────
참여자들에게 이중자기법에 대한 간략한 설명과 필요성을 전달하여야 한다. 그
리고 등장 역할의 설정은 욕구, 가치, 느낌, 태도와 행동 등 개인의 모든 것을 이
중자로 만들 수 있다.

롤플레잉 3대 기법 **2. 거울기법**

자신이 지각하고 있는 욕구, 느낌, 가치, 태도와 행동이 관계와 상황 속에서 어떻게
역할을 하는지를 거리두기로 보는 기법이다. 거울에 비친 자신의 모습을 보고 외모
를 다듬는 것과 같다고 해서 거울기법이다.

거울기법 '자신의 상태를 직면하고 객관화하면서 자기책임성을 학습하기'

눈을 치우는 것과 관련한 욕구, 가치, 느낌, 태도와 행동에 대해서 타인들의 롤플
레잉을 보면서 자신을 객관화한다.
눈을 치울 것인지, 외면할 것인지, 이웃들과 의논할 것인지 등의 역할 선택에 거
리를 두고 자신의 모습을 직면하고 관찰하면서 욕구, 가치, 느낌이 혹시 타인을
통해서 학습된 것인지 아닌지를 구별한다. 또한 자신이 인식하지 못하고 있는 습
관적인 태도와 행동을 발견한다.
이 과정을 통해서 지금 여기에서 필요한 욕구, 가치, 느낌, 태도와 행동을 스스로
결정하면서 선택에 대한 자기책임성이 학습된다.

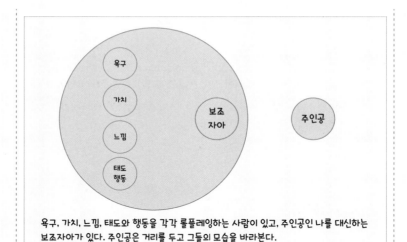

욕구, 가치, 느낌, 태도와 행동을 각각 롤플레잉하는 사람이 있고, 주인공인 나를 대신하는 보조자아가 있다. 주인공은 거리를 두고 그들의 모습을 바라본다.

 거울기법이 필요할 때

① 자신이 타인을 의존하고 있다는 것을 인식하지 못할 때

② 자신의 상황을 객관적으로 이해하지 못할 때

③ 자신을 직면하기 힘들어하거나 직면이 필요할 때

④ 일어나는 상황에 대해서 무조건 남 탓 또는 내 탓을 할 때

⑤ 문제해결을 위해서 무엇을 해야 할지 알아야 할 때

⑥ 자신의 개별성을 인식하고 무엇을 준비해야 하는지 알아야 할 때

거울기법 적용을 피해야 할 참여자

① 자신에 대해서 지나치게 자책감이 높은 사람

② 자신을 마주 보는 것에 대해 두려움이 큰 사람

③ 집단원과 진행자에 대해서 신뢰가 형성되지 않은 사람

④ 거울기법의 필요성을 인식하지 못하는 사람

⑤ 자신의 감정 해소와 욕구가 지나치게 불만족한 사람

자신의 선택이 타인에게 미치는 영향력을 타인의 입장에서 경험해 보는 기법이다. 자기확신으로 결정한 것들이 실제 다양한 입장에 있는 타인의 욕구, 가치, 느낌과 조화로운지 아니면 충돌하는지를 타인의 입장에서 롤플레잉하면서 생각을 정리하고 감각적 경험을 하는 방법이다.

역할교대기법 '타인의 욕구, 느낌, 가치를 경험하면서 공동창조성을 학습하기'

자신의 욕구, 느낌, 가치, 태도와 행동이 타인에게 미치는 영향을 롤플레잉으로 경험하는 과정이다. 눈이 쌓여 있는 공동주택의 상황과 관계에서 다양한 입장(욕구, 가치, 느낌)을 가진 사람들이 등장한다. 이러한 사람들과 자신이 결정한 역할들은 충돌이 되거나 조화로울 수 있다. 건강한 역할이란 자기를 책임지면서도 타인과 함께 살아가는 것이다. 따라서 나의 역할이 타인에게 어떠한 영향을 미칠 것인가를 알기 위해서 영향을 미치는 인물들을 탐색한다. 그들의 입장에서 자신의 선택을 느끼면서 관계와 상황 속에서 필요한 역할을 선택하려고 노력한다.

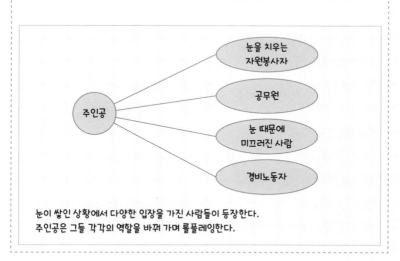

눈이 쌓인 상황에서 다양한 입장을 가진 사람들이 등장한다.
주인공은 그들 각각의 역할을 바꿔 가며 롤플레잉한다.

역할교대기법이 필요한 때

① 자신의 입장만 주장하고 상대방의 입장을 이해하지 못할 때

② 자신의 욕구, 느낌, 가치, 태도와 행동이 일관성을 잃거나 상호 충돌하는 등 내적 갈등이 심할 때

③ 어떤 상황에 대한 선택이 혼란스러울 때

④ 타인의 입장을 이해해야 할 필요성이 있을 때

⑤ 자신에 대해서 주관적이면서 객관적이라고 할 때

⑥ 타인을 지나치게 비난하거나 수용적일 때

 역할교대기법 적용 시 유의사항

① 역할교대의 목적에 대해서 이해할 때에만 적용해야 한다.

② 피해자에게는 가해자의 입장에 대해서는 역할교대를 하면 안 된다. 단, 가해 자나 제3자의 경우에는 가해자 역할이나 피해자 역할을 맡을 수 있다.

③ 범죄 등 부정적 역할에 대해서 맡고 싶지 않다고 하면 수용하여야 한다.

④ 역할교대에서 두려움이나 불안감을 느끼면 역할교대를 멈추고 안정하도록 하여야 한다.

⑤ 역할교대에서 상대방의 목소리 등을 따라 하려는 것은 역할교대의 목적이 아 님을 설명하여야 한다.

⑥ 역할교대는 필요한 상황에서 필요한 역할상황만 교대하여야 한다.

⑦ 역할교대를 장황하게 이야기로 만들지 않고 중요 상황만 역할교대를 하여야 한다.

⑧ 역할교대를 마치면 반드시 역할 털기를 하여 자신의 역할로 돌아오게 하여야 한다.

⑨ 진행이 끝난 후에도 역할 속에서 벗어나지 못하는 사람이 있는지 살펴야 한다.

⑩ 진행 후에도 역할로 서로를 호칭하지 않도록 안내하여야 한다.

롤플레잉의 30가지 활용 방법

롤플레잉 3대 기법을 프로그램 주제에 따라서 다양하게 변형하고 확장해서 사용할 수 있는 방법을 소개한다.

❶ 환영합니다

목적	개방감
진행 방법	① 집단을 둥글게 서게 한다. ② 주변을 살펴보게 한다. ③ 처음 보는 사람에게 먼저 다가가서 눈은 마주 보고 소리를 내어서 "환영합니다"라고 인사를 나눈다.
유의사항	• 움직이는 것이 힘든 사람에게는 먼저 다가가서 인사를 한다. • 포옹, 등 두드르기 등 신체적인 접촉은 하지 않는다. • 질문은 하지 않고 "환영합니다"라는 인사만 한다.

❷ 오늘 나의 기분은

목적	개방감, 자기인식
진행 방법	① 집단을 둥글게 서게 한다. ② 즐거움, 슬픔, 짜증, 두려움과 불안, 멍함을 종이에 적어서 의자에 하나씩 놓는다. ③ 오늘 또는 요즘 자주 느끼는 기분에 다가간다. ④ 유사한 기분을 느끼는 사람과 이유에 관해서 이야기를 나눈다.
유의사항	• 질문은 하지 않는다. • 조언, 충고, 평가, 분석은 하지 않는다. • 진행 시간은 집단의 상황을 고려하여 결정한다.

❸ 연결하기

목적	개방감
진행 방법	① 집단을 둥글게 서게 한다. ② 같은 혈액형끼리 만나서 인사와 이야기를 나눈다. ③ 가고 싶은 나라별로 만나서 인사를 하고 이야기를 나눈다.
유의사항	• 질문은 하지 않는다. • 조언, 충고, 평가, 분석은 하지 않는다. • 진행 시간은 집단의 상황을 고려하여 결정한다. • 특정 영역에 많은 사람이 모이면 진행 시간을 고려하여 인원을 나눈다. • 주제는 진행자가 임의로 정할 수 있다. • 민감한 주제는 다루지 않는다(종교, 정치, 가족, 거주지, 학력, 학벌, 외모, 재산, 직업, 소득 등).

❹ 초대합니다

목적	인식확장
진행 방법	① 집단을 둥글게 서게 한다. ② 진행자는 역할이 적힌 접착메모지를 미리 준비해서 참여자의 등 뒤에 붙인다(전과자, 빈곤인, 부자, 유명 대학교 출신자, 2,000만 원 소득자, 정규직 교수, 시간강사, 유명 유튜버, 연예인, 배달원, 장애인, 노인 등). ③ 상대방의 등 뒤에 붙은 역할을 확인하면서 식사를 함께하고 싶은 사람들에게 초대 이유를 알리고 식사 초대를 한다. ④ 초대를 받은 사람은 초대자의 등 뒤 역할을 확인하고 초대를 수락 또는 거절할 수 있다. ⑤ 자신의 등 뒤의 역할을 확인한다. ⑥ 자신에게 부여된 역할이 초대하고 초대받는 상황에 미친 영향에 대해 이야기 나눈다.
유의사항	• 접착메모지에 적힌 내용은 참여자들이 알지 못하게 한다. • 붙인 이름들이 중간에 떨어지지 않도록 한다. • 식사를 초대하면서 상대방의 신분을 이야기하지 않도록 한다.

⑤ 감사한 사람을 소개합니다

목적	긍정심, 개방감, 표현능력
진행 방법	① 집단을 참여 인원과 진행 시간을 고려하여 소모둠별로 또는 전체가 둥글게 서게 한다. ② 과거에서 지금까지 감사한 사람을 떠올린다. ③ 떠올린 사람을 모둠원들에게 소개한다. ④ 소모둠으로 진행했다면 전체가 섞여 움직이면서 다른 사람들에게도 소개한다.
유의사항	• 전체가 움직이며 소개할 때는 1:1로 소개하도록 한다. • 같은 사람을 반복적으로 소개해도 좋다. • 감사한 사람이 떠오르지 않는다면 듣기만 해도 된다.

⑥ 동작으로 고민 표현하기

목적	개방감, 표현능력
진행 방법	① 자신의 고민을 생각하게 한다. ② 갖고 있는 고민의 크기와 무게를 상상하게 하고 양손으로 들거나 끌고 다니는 동작을 만든다. ③ 집단원들에게 다니면서 소개한다.
유의사항	• 1:1로 소개하도록 한다. • 같은 고민을 반복적으로 소개해도 좋다. • 고민이 떠오르지 않는다면 듣기만 해도 된다. • 조언, 충고, 비판, 판단은 하지 않는다.

⑦ 듣기 놀이

목적	의사소통
진행 방법	① 듣기에 필요한 반응 방법을 알려 준다(끄덕이기, 감탄하기, 미소 짓기, 마주보기). ② 최근 경험한 것 중에서 즐거운 일이나 소개하고 싶은 것을 떠올린다. 휴대 전화에 보관된 사진을 소개해도 된다. ③ 집단을 둥글게 서게 한다.

	④ 1:1로 만나면서 경험이나 사진을 설명하면 상대방은 듣기에서 배운 방법으로 이야기를 듣고 반응한다. ⑤ 역할을 바꾸어서 소개하면 같은 방법으로 듣고 반응한다.
유의사항	• 1:1로 소개하도록 한다. • 같은 것을 반복적으로 소개해도 좋다. • 떠오르지 않는다면 듣기만 해도 된다. • 조언, 충고, 비판, 판단은 하지 않는다.

⑧ 라이프밸런스플러스카드를 활용한 즉흥극 & 빙고게임

목적	논쟁, 의사소통, 문제해결
참가 인원	제한 없음
진행 방법	① 집단의 규모에 따라서 소모둠 또는 전체 모둠을 만든다. ② 참여자들에게 집단 상황 태도행동카드를 한 장씩 무작위로 나누어 준다. ③ 진행자는 상황과 등장인물을 제시한다(예: 아파트에서 발생하는 무단 쓰레기 투기와 관련하여 회의를 하는 상황). ④ 참여자들은 자신의 카드에 제시된 태도나 행동으로 반응한다. ⑤ 관객들은 상황극 등장인물들에게 문제해결에 필요한 태도와 행동을 제시한다. ⑥ 상황극을 마친 후 모둠으로 돌아가서 집단의 문제해결에 필요한 태도와 행동을 카드로 탐색하고 선택한다. ⑦ 모둠별로 집단의 문제해결을 위한 의사소통을 위한 태도와 행동을 빙고카드에 작성하고 빙고게임을 한다.
유의사항	• 비속어를 사용하거나 지나친 공격적 언어와 행동을 하지 않는다. • 말로 상대방에게 자신의 의견을 전달하게 한다. • 카드에 제시된 태도와 행동만으로 상황극을 진행하게 한다. • 상황극은 대화만 하게 하고 결론을 내지 않도록 한다.

⑨ 라이프밸런스플러스카드를 활용한 꼬리 만들기

목적	인식확장, 논쟁, 의사소통
참가 인원	제한 없음

진행 방법	① 집단의 규모에 따라서 소모둠 또는 전체 모둠을 만든다. ② 라이프밸런스플러스카드 중에서 진행자가 프로그램 주제에 맞는 영역(가치, 욕구, 느낌, 태도와 행동) 카드를 모둠별로 배부한다. ③ 진행자가 특정 주제와 관련하여 배부된 카드 중에서 꼭 필요한 단어들을 선택하게 한다. ④ 선택한 카드 중에서 가장 필요한 대표되는 단어를 선택하게 한다. ⑤ 참여자들은 개인 또는 모둠 단위로 다니면서 만나는 상대방들에게 자신이 선택한 단어의 중요성을 설득하게 한다. ⑥ 설득된 사람들은 설득한 사람 뒤에 서서 함께 다닌다.
유의사항	• 상대방을 잡아당기는 등 지나친 행동은 하지 않게 한다. • 말로 상대방에게 자신의 의견을 전달하게 한다. • 논쟁은 하지만 상대방의 주장을 비난하거나 지적하지 않는다.

⑩ 미래 뉴스 만들기

목적	창의성, 동기부여
진행 방법	① 집단을 소모둠 또는 전체 모둠으로 둥글게 모이게 한다. ② 집단 주제에 맞는 상황을 떠올리고 이야기를 나누게 한다(예: 소통이 잘되는 우리 조직의 회의 모습 떠올려 보기). ③ 모둠원들이 떠올린 모습 중에서 하나의 장면을 선택해 상황극으로 만들어서 발표한다.
유의사항	• 신체가 불편한 참여자도 활동 범위 내에서 참여하도록 한다. • 상황극은 대본을 만들지 않고 너무 많은 장면을 만들지 않는다.

⑪ 불협화음 합창단

목적	창의성, 의사소통
진행 방법	① 집단을 소모둠 또는 전체 모둠으로 둥글게 모이게 한다. ② 집단 주제에 맞는 상황을 떠올리고 이야기를 나누게 한다(예: 친구들끼리 서로 뒷담화하는 모습). ③ 모둠에서 각자 뒷담화 문장을 3개 또는 4개 선택하게 한다. ④ 선택한 문장을 가사로 하여 모둠원 중 한 사람이 지휘하면서 합창한다.

유의사항	• 문장은 간결하고 짧게 만들도록 한다.
	• 3~4회 정도 반복하여 합창하게 한다.
	• 돌림노래처럼 해도 된다.

⑫ 신문 상황극 만들기

목적	창의성, 인식확장
진행 방법	① 집단을 소모둠 또는 전체 모둠으로 둥글게 모이게 한다.
	② 모둠별로 같은 신문을 한 부씩 배부한다.
	③ 모둠은 신문 기사 중에서 다른 모둠에 소개해 주고 싶은 기사를 선택한다.
	④ 선택한 신문 기사의 상황을 상황극으로 만들어서 다른 모둠에게 발표한다.
	⑤ 발표 후 왜 이 주제를 선택했는지 설명하고 마무리한다.
유의사항	• 상황극은 신문 기사에서 다룬 내용 중심으로 하여야 한다.
	• 변형으로 기사의 내용을 중심으로 신문보도 이전의 발생 배경을 다룰 수도 있으며 보도 이후에 가상 기사를 만들어도 된다.

⑬ 방백

목적	창의성, 공감, 배려, 의사소통
진행 방법	① 특정 주제에 맞는 상황을 만든다(예: 돈을 빌려 달라는 사람과 거절하는 사람).
	② 등장인물의 속마음(욕구, 가치, 느낌)을 다른 참여자가 맡아서 등장인물의 속마음을 말과 행동으로 표현한다.
유의사항	• 속마음 참여자와 등장인물끼리 논쟁을 하거나 대화를 할 수 있다.
	• 속마음 이야기를 들은 상대방은 듣지 않은 것처럼 자유롭게 표현한다.

⑭ 소시오그램

목적	의사소통, 인식확장
진행 방법	① 집단원을 진행자가 임의로 네 모둠으로 나눈다. ② 특정 주제를 제시한다(예: 지역에 혐오시설로 인식되는 수목장 설치). ③ 제시된 주제에 대한 지지자, 방관자, 적대자, 중재자의 역할을 각 모둠에 임의로 배정한다. ④ 모둠원들은 역할에 맞는 주장을 만든다. ⑤ 다른 모둠원들을 만나면서 자신의 주장을 1:1로 표현한다. ⑥ 전체 모둠원을 역할별로 모여 느낌을 나누고 선택하고 싶은 역할로 이동한다. ⑦ 변경된 역할이나 유지하는 역할로 전체가 모여서 다른 집단원들과 대화를 나눈다. 참여 중에 다른 역할로 이동할 수 있다.
유의사항	• 비속어를 사용하거나 지나치게 공격적인 언어와 행동을 하지 않는다. • 합의와 결론을 내는 것이 목적이 아니라 각자의 입장에서 이야기를 하면서 다른 사람을 이해하는 것이 목적이다.

⑮ 가상 회의

목적	인식확장, 의사소통
진행 방법	① 진행자는 지정 주제 또는 집단이 선택한 주제로 진행한다(예: 청소년 약물, 학교폭력, 가정폭력, 무연고 사망자). ② 집단 전체를 모둠으로 할 수 있고, 소모둠으로 할 수도 있다. ③ 주제와 관련하여 회의에 참여해야 하는 인물들을 선택하고 이름표를 만든다. ④ 이름표에 적힌 인물로서 회의에 참여한다. ⑤ 회의를 마치고 회의 결과를 다른 모둠원들에게 등장인물이 되어서 발표한다. ⑥ 역할을 벗고 등장인물의 종류와 회의 결과에 대해서 느낌 나누기를 한다.
유의사항	• 비속어를 사용하거나 지나치게 공격적인 언어와 행동을 하지 않는다. • 전지를 준비하여 회의 참여자와 회의 결과를 공유한다.

⑯ 원더풀라이프

목적	창의성, 긍정적 관점
진행 방법	① 과거의 경험 중에서 좋은 의미로 기억되는 상황을 떠올리게 한다. ② 모둠원끼리 이야기를 나눈다. ③ 모둠원 중 한 사람의 이야기를 모둠원들이 재연 배우가 되어서 장면을 만든다. ④ 장면 만들기는 이야기 주인공이 연출자가 되거나 다른 모둠원들이 임의로 만들 수 있다. ⑤ 이야기 주인공은 관객이 되어서 지켜본다.
유의사항	• 소품, 음악 등을 자유롭게 활용할 수 있다. • 대본 작성 등을 하지 않고 가능하면 즉흥적으로 진행한다.

⑰ 역할 분석

목적	인식확장, 자기이해
진행 방법	① 참여자들은 진행 주제에 맞는 자신의 사회적 역할 목록을 만든다 (예: 가족 내 역할, 직업 역할, 지역사회 역할, 사적 역할, 공적 역할). ② 각 역할들을 만족하는 역할(역할 만족), 피로한 역할(역할 피로), 잘하고 싶은 역할(역할 갈망), 창조하고 싶은 역할(역할 창조)로 표시한다. {표} ③ 모둠원들끼리 이야기를 나눈다.

역할명	역할 만족	역할 피로	역할 갈망	역할 창조

⑱ 역할 창조 터널 만들기

목적	창의성, 긍정적 관점
진행 방법	① 자신에게 도움이 되거나 필요한 역할을 탐색한다(예: 연령, 결혼, 이혼, 취업, 직책 변동, 직업 변동). ② 모둠원끼리 탐색한 역할을 나눈다. ③ 역할을 창조하는 데 방해가 되는 걸림돌들을 이야기 나눈다. ④ 모둠원들이 걸림돌 역할을 맡아서 터널을 만들고, 주인공이 통과하지 못하도록 말과 행동을 한다. ⑤ 모둠원 중 원하는 사람에 한해서 돌아가면서 터널을 통과한다.
유의사항	• 비속어를 사용하거나 지나치게 공격적인 언어와 행동을 하지 않는다.

⑲ 편견, 선입견, 고정관념

목적	창의성, 자기인식, 의사소통
진행 방법	① 특정 주제로 진행하거나 집단이 주제를 결정한다(예: 노인, 장애인, 여성, 남성, 지방, 서울, 인종, 국가, 종교, 정치). ② 주제와 관련한 선입견, 편견, 고정관념을 탐색한다. ③ 모둠을 구성하여 한 모둠은 역할을 맡고 다른 모둠의 대화를 지켜본다. ④ 다른 모둠은 선입견, 편견, 고정관념을 지닌 역할로 대화를 나눈다. ⑤ 역할을 바꾸어서 진행한다. ⑥ 역할 털기를 한다. ⑦ 느낌 나누기를 한다.
유의사항	• 비속어를 사용하거나 지나치게 공격적인 언어와 행동을 하지 않는다.

⑳ 성장과 번영을 위한 인생 질문 만들기

목적	창의성, 의사소통
진행 방법	① 특정 주제로 진행하거나 집단이 주제를 결정한다(예: 나 돌봄, 가족관계, 대인관계, 집단관계, 금전 관리, 시간 관리, 나눔 관리). ② 주제와 관련하여 현재와 미래의 성장과 번영을 위해서 꼭 필요한 질문을 만든다. ③ 만든 질문으로 1:1로 짝을 지어서 서로 질문 인터뷰를 한다.

유의사항	• 질문의 수는 시간을 고려하여 결정한다. • 지나치게 개인정보를 파헤치는 듯한 질문은 하지 않는다(예: 재산, 소득, 성적 취향, 열등감, 약점, 학력).

㉑ 인생 질문으로 삼찰하기

목적	인식확장, 의사소통
진행 방법	① 특정 주제로 진행하거나 집단이 주제를 결정한다(예: 나 돌봄, 가족관계, 대인관계, 집단관계, 금전관리, 시간관리, 나눔관리). ② 모둠별 인원은 6명 이내로 한다. ③ 주제와 관련한 인생질문카드를 놓고 자유롭게 뽑아서 카드의 질문에 답변을 한다. 모둠원들이 나누고 싶은 질문을 미리 뽑아서 질문에 답변하면서 함께 나누는 방법도 있다. ④ 질문을 통해서 관찰한 것(타인의 이야기 듣기), 성찰한 것(객관적 판단), 통찰한 것(깨달음)을 나누도록 한다.
유의사항	• 질문의 수는 시간을 고려하여 결정한다. • 지나치게 개인정보를 파헤치는 듯한 질문을 하지 않는다(예: 재산, 소득, 성적 취향, 열등감, 약점, 학력). • 답하기 곤란한 질문은 "통과"라고 할 수 있고, 이때는 다른 질문을 하여야 한다.

㉒ 집단 조각하기

목적	인식확장, 의사소통, 창의성
진행 방법	① 특정 주제로 진행하거나 집단이 주제를 결정한다(예: 평화, 전쟁, 기후 위기, 인권). ② 시간과 집단의 규모를 고려하여 모둠을 만든다. ③ 주제를 잘 설명할 수 있는 조각을 만든다. 조각은 고정되어 있지만 말은 할 수 있다. ④ 모둠원 중에 한 사람이 작품을 만든 배경을 설명한다.
유의사항	• 신체가 불편하지 않도록 하여야 한다. • 도구(의자 등)를 사용할 수 있다

㉓ 권력 보행

목적	인식확장
진행 방법	① 참여자들을 걷는 방향으로 일렬로 세운다. ② 진행자는 참여자 각자에게 역할을 부여한다. 행정직 공무원, 정규직 교사, 기간제 교사, 택배기사, 프리랜서, 대기업 정규직, 대기업 비정규직, 중소기업 정규직, 중소기업 비정규직, 의사, 정교수, 시간강사, 요양보호사, 종합병원 간호사, 버스기사, 택시기사, 열차기관사, 비행기 조종사, 포장마차 운영자, 직장인 남성, 직장인 여성 등 ③ 진행자는 준비된 질문을 한다. • 승진할 기회가 있다. • 오래 근무하면 휴가일의 수가 늘어난다. • 고용에 대한 불안이 낮다. • 은행에 신용점수가 높고 대출을 쉽게 받을 수 있다. • 다른 사람에게 직업을 편하게 소개할 수 있다. • 배우자를 선택하는 데 어렵지 않다. • 자녀 출산과 양육에 대해서 걱정이 높지 않다. • 퇴직 후 경제적 두려움이 높지 않다. • 건강검진 등 후생 복지 프로그램이 많다. • 미래에 희망감이 있다. ④ 참여자들은 질문에 "예"라고 답변할 수 있을 때 한 걸음 앞으로 간다. ⑤ 질문을 마치고 나서 각자 서 있는 위치를 인식하고, 그 상태에서 느낌 나누기를 한다.

㉔ 모의법정

목적	의사소통, 창의성, 문제해결, 인식확장
진행 방법	① 진행자가 집단의 목적에 맞는 재판 주제와 상황을 제시한다(예: 미성년자의 학용품 절도, 가정폭력 아버지를 폭행한 아들, 기후위기와 관련한 1회용품 사업자, 혐오시설 입주를 방해한 지역 주민, 반려동물을 키우지 못하게 의결한 아파트 주민대표, 노키즈존을 만든 카페 사장)

	② 주제와 관련하여 판사, 검사, 변호사, 증인, 고소인, 피고소인, 배심원 등 인물을 설정하고 참여자들이 등장인물을 맡는다. ③ 진행자는 재판의 전체 진행을 도우면서 각자의 역할을 하도록 돕는다. ④ 재판의 결과는 참여자 모두가 법정 역할을 벗고 투표하거나 의사표현하는 것으로 마무리한다. ⑤ 느낌 나누기를 한다.
유의사항	• 역할 이름표를 만들어서 배부한다. • 진행자는 보조판사가 되어서 최소한의 개입만 하여 집단 스스로 진행되도록 돕는다. • 증인은 즉석에서 추가할 수 있다. 방청석에 있는 참여자들도 질문이나 의견을 표현할 수 있다.

25 집단 거절 게임

목적	의사소통, 표현력
진행 방법	① 진행자가 한 가지 주제를 제시하거나 몇 가지 주제 중에서 참여자들이 선택하도록 한다(예: 돈 빌리기, 차 빌리기, 심부름 시키기, 대신 다른 사람에게 가서 부탁하기). ② 참여자들을 두 줄로 서서 마주 보게 한다. ③ 한쪽은 요청, 다른 쪽은 거절하기로 역할 게임을 한다. ④ 거절하지 못하고 수락한 사람은 줄에서 빠진다. ⑤ 정해진 시간에 진행하고, 역할을 바꾸어서 다시 진행한다.
유의사항	• 신체 접촉이나 비속어를 사용하지 않는다. • 진행 의도를 알고 최대한 적극적으로 역할에 집중한다.

26 세 장면 연극 만들기

목적	의사소통, 표현력, 창의력
진행 방법	① 진행자가 시를 제공한다. ② 참여자들은 시를 보고 시와 관련한 세 장면 연극을 만든다. ③ 연극 대사에는 시의 문장들이 들어가도록 한다. ④ 모둠별로 발표하고 느낌을 나눈다.

유의사항	• 시의 내용을 떠올릴 수 있는 장면으로 구성한다. • 참여자 모두 장면에 등장할 수 있도록 한다. • 음향이나 소품들을 사용할 수 있다.

㉗ 참 만남

목적	의사소통, 표현력, 창의력
진행 방법	① 진행자는 빈 의자 두 개를 놓는다. ② 의자 하나에는 참여자 본인 또는 자신에게 의미 있는 사람(죽은 사람, 반려동물 등도 포함)이 있다고 상상하게 한다. ③ 참여자는 그들에게 이야기하고 싶은 것을 떠올려 본다(미안함, 고마움, 섭섭함, 원망스러움, 기타 하고 싶은 말 등). ④ 자유롭게 또는 순서대로 나와서 이야기하게 한다. ⑤ 이야기를 마치면 인사를 하고 자리로 돌아온다. ⑥ 모둠원들과 느낌을 나눈다.

㉘ 다른 사람의 눈이 되기

목적	의사소통, 표현력
진행 방법	① 진행자는 두 가지 그림을 준비한다. ② 참여자들은 설명자와 듣고 그리는 사람 역할을 한다. ③ 설명자는 진행자가 제시하는 그림을 보고, 듣고 그리는 사람은 그림에 등을 돌려 앉는다. ④ 설명자가 그림을 설명하면 그리는 사람은 주어진 스케치북에 그림을 그린다. ⑤ 역할을 바꾸어서 다른 그림도 같은 방식으로 진행한다.
유의사항	• 장면이 너무 복잡하지 않은 그림을 선정한다. • 가능하면 색연필을 준비한다. • 정해진 시간이 되면 미완성이더라도 마무리한다.

㉙ 집단 연주하기

목적	의사소통, 표현력, 창의성
진행 방법	① 진행자는 노래(가사를 알 수 있도록)와 참여자 모두에게 돌아갈 단순한 타악기들을 준비한다(두드리거나 흔들면 소리를 낼 수 있는 것). ② 함께 노래를 부른다. ③ 악기를 참여자 모두에게 배부한다. ④ 노래를 부르면서 각자의 악기를 즉흥적으로 연주한다.
유의사항	• 악기는 쉽게 소리를 낼 수 있는 것으로 준비한다. • 악기가 없으면 종이로 소리를 내거나 볼펜, 손으로 바닥을 두드려도 된다(목소리로 낼 수도 있다). • 즐겁게 함께하는 것이 목적이다.

㉚ 인터뷰하기

목적	의사소통, 창의성
진행 방법	① 진행자는 대립되는 역사적 인물을 선정하고, 인물에 대한 소개 내용을 준비한다(이순신과 원균, 연산군과 명성황후, 히틀러와 아우슈비츠 소장 등). ② 참여자를 소모둠으로 나누어서 역사적 인물들에게 질문할 것을 정리한다. ③ 참여자를 세 모둠으로 나누어 두 모둠은 대립되는 역사적 인물이 되고, 한 모둠은 질문자가 된다. ④ 질문을 마치면 시계 방향으로 역할을 바꾸어서 질문 인터뷰를 하게 한다.
유의사항	• 역사적 인물은 쉽게 알 수 있는 대중적인 인물로 한다. • 질문은 많이 만들게 하고, 질문 인터뷰 시간은 진행 시간을 고려한다. • 질문 중간에 진행자는 역사적 인물에게 대립되는 사람의 답변에 의견을 낼 수도 있고, 질문도 할 수 있다.

롤플레잉 퍼실리테이션의 기법

1) 롤플레잉

롤플레잉roleplaying은 롤플레잉 퍼실리테이션에서 핵심적인 기법이다. 롤플레잉의 3대 기법으로는 자신의 다양한 내면의 모습을 보여 주는 '이중자기법', 자신의 태도나 행동을 다른 사람이 보여 주는 '거울기법', 서로 역할을 바꿔서 해 보는 '역할교대기법'이 있다. 뉴스 만들기, 리빙뉴스페이퍼, 한 장면 만들기, 말하는 사진 등은 롤플레잉로 다양한 상황을 표현하고 그 상황 속 인물들의 생각과 느낌을 드러내는 방법이다.

◎ 뉴스 만들기

① 모둠별로 주제와 관련된 뉴스를 만든다면 어떤 내용일지 이야기 나눈다.
② 뉴스에 어떤 사람들이 등장할지 정한다.
③ 참여자들이 각자 원하는 역할을 맡는다.
④ 3분짜리 뉴스를 만들어 보여 준다.

◎ 리빙뉴스페이퍼
① 모둠별로 무작위로 신문을 나누어 준다.

② 오늘 주제와 관련된 기사나 칼럼, 광고를 찾는다.

③ 찾은 기사를 토대로 주제와 관련된 상황극을 만들어 보여 준다.

④ 모둠별로 보여 준 상황들 중에 오늘 다루고 싶은 세부 주제를 참여자들이 정한다.

◎ 한 장면 만들기

① 모둠별로 주제와 관련해서 어떤 상황들이 있을지 이야기 나눈다.

② 나온 이야기 중에서 하나의 상황을 정해 한 장면을 만들어 보여 준다.

③ 모둠별로 보여 준 장면들 중에 오늘 다루고 싶은 세부 주제를 참여자들이 정한다.

◎ 말하는 사진

① 모둠별로 주제와 관련된 사람들이 같이 사진을 찍는다면 어떤 사람들이 사진에 나올지 이야기 나눈다.

② 각자 원하는 역할을 맡는다.

③ 모둠별로 나와서 사진 찍는 모습으로 선다.

④ 각자 역할에 따라 왜 같이 사진을 찍는지, 지금 기분이 어떤지 등을 이야기한다.

⑤ 역할 털기를 하고 소감을 나눈다.

2) 소시오메트리

소시오메트리sociometry는 사회극과 심리극을 창시한 모레노가 집단 연구를 위해 만든 기법이다. 소시오메트리를 통해 집단원들의 선택과 선호가 드러남으로써 집단원들은 서로의 공통점과 차이점을 발견하게 되고, 집단의 응집력이 높아진다. 대표적인 소시오메트리 기법으로는 스펙트로그램, 로코그램, 스텝 인 소시오메트리 등이 있다. 이러한 소시오메트리 기법은 동기, 인식, 나누기 등 각 단계에서 다양하게 활용할 수 있다.

스펙트로그램 spectrogram

바닥에 '가상의 선'이 있다고 생각하고 자신의 대답을 표현하는 방법이다.

① 바닥에 가상의 선이 그려져 있다고 가정하고 한쪽 끝을 0으로, 다른 한쪽 끝을 100이라고 설정한다.

② 참여자들에게 척도 질문을 한다(예: "우리 사회의 성평등 실현 정도에 점수를 준다면 몇 점을 주겠습니까?").

③ 각자 자신의 점수에 해당하는 위치에 선다.

④ 비슷한 점수끼리 모여서 왜 그곳에 섰는지 이야기 나눈다.

로코그램 locogram

집단원들에게 3~4가지 선택지를 제시하고, 자신이 선택한 '공간'(장소)으로 이동하는 방법이다.

① 바닥을 네 곳으로 나누고 각각을 봄, 여름, 가을, 겨울로 지정한다.

② 참여자들에게 척도 질문을 한다(예: "내가 가장 좋아하는 계절은 어느 계절인가요?").

③ 각자 자신에게 해당하는 곳으로 이동한다.

④ 계절별로 모인 참여자들끼리 왜 그곳에 섰는지 이야기 나눈다.

스텝 인 소시오메트리 step in sociometry

참여자들이 둥글게 선 상태에서 진행자나 다른 사람의 진술을 듣고 자신도 그렇다고 느낀다면 원 안으로 한 발 들어가는 방법이다.

① 참여자들이 둥글게 원을 만들어 선다.

② 각자 내가 좋아하는 것을 말하고("나는 OO을 좋아합니다.") 원 안으로 한 발 들어갔다가 제자리로 돌아온다.

③ 이때 나도 그렇다고 느끼는 참여자들은 말하는 사람과 같이 원 안으로 한 발 들어갔다가 제자리로 돌아온다.

④ 진행자부터 시작하고 한 방향으로 이어 간다.

3) 브레인스토밍

브레인스토밍brainstorming은 한정된 시간 내에 참여자들의 아이디어를 모으는 방법이다. 이때 메모지를 사용해 참가자들의 아이디어를 분류할 수 있다. 메모지 한 장에는 한 가지 단어(혹은 문장)만을 쓰도록 한다. 각자 메모지에 쓴 내용에 대해 돌아가며 이야기를 나누고, 동일한 내용이나 비슷한 내용끼리 분류한다. 분류된 것에는 대표할 만한 제목이나 카테고리 제목을 붙여서 어떤 내용들이 나왔는지 한눈에 알아볼 수 있게 한다.

브레인스토밍은 짧은 시간 안에 많은 의견을 모으는 것이 목적이므로 의견의 '질'보다는 '양'이 중요하다. 이때 다른 사람의 의견에 대해 비판이나 평가는 하지 않는다. 나온 의견 중에 우선순위를 정하거나 의사결정을 해야 할 경우, 투표용 스티커를 나누어 주고 공감되는 의견에 스티커를 붙이도록 한다.

4) 마인드맵

마인드맵mind map은 말 그대로 '생각 지도'라고 할 수 있다. 주제 혹은 핵심단어를 중심으로 방사형으로 가지를 뻗어 가며 정보나 생각을 그려 나가는 방법이다. 마인드맵을 그리는 방법은 중심 이미지(주제)를 종이 가운데에 그리고 주가지, 부가지, 세부가지 순서로 그린다. 마인드맵은 다양한 정보나 아이디어를 직관적으로 보여 주며, 각각이 어떻게 연결되어 있는지를 전체적으로 알 수 있게 한다.

5) 비주얼씽킹

비주얼씽킹visual thinking은 글과 그림을 이용하여 생각이나 정보를 요약하는 방법이다. 그림을 활용하기 때문에 복잡한 내용도 쉽게 전달할 수 있고 시각적으로 체계화시켜서 기억력과 이해력을 높일 수 있다.

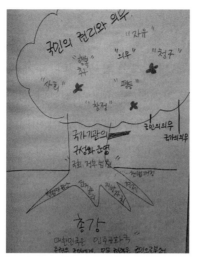

롤플레잉 퍼실리테이션
진행 사례

1. 중간관리자 리더십
   워크숍

2. 조직생활 소진 예방
   워크숍

3. 헌법 기본권 워크숍

개요	
단계	**활동**
(1) 동기	• 나의 리더십에 대한 피드백 경험 나누기
(2) 인식	• 중간관리자의 개념 정리 • 중간관리자 한풀이 토크쇼
(3) 대안	• 슬기로운 중간관리자 리더십 십계명 만들기 • 상급자와 팀원이 원하는 중간관리자의 리더십 • 중간관리자로서 상급자와 팀원에게 원하는 것
(4) 실천	• 상급자와 팀원에게 하고 싶은 말
(5) 나누기	• 열매 나누기

(1) 동기

진행자: 오늘 주제는 중간관리자의 리더십입니다. 중간관리자와 리더십이란 두 개의 단어가 조합된 것이에요. 그냥 리더십이 아니고 중간관리자의 리더십이기 때문에 중간관리자라는 역할 속에서 우리가 생각해 봐야 할 것 같습니다. 여러분은 자신의 리더십에 대해 피드백을 받아 본 경험이 있나요?

(참여자들이 돌아가며 자신의 리더십에 대한 피드백 경험을 이야기한다.)

(2) 인식

진행자: 개인적 경험에 대해 이야기를 나눠 봤는데 입장과 상황에 따라서 조금씩 다른 것 같습니다. 오늘 우리는 조직의 많은 역할 중에서 '중간관리자'를 주제로 잡았는데요. 중간관리자의 리더십이란 게 여러분에게 어떻게 다가오나요?

참여자 A: 엄청 피곤할 것 같아요. 중간에서 양쪽 입장을 다 들어야 하고….

참여자 B: 양쪽에서 다 떠넘겨서 어중간한 상황에 있는 사람?

참여자 C: 팀을 이끄는 사람?

진행자: 우선 중간관리자의 개념부터 정리해야 할 것 같네요. 자기가 관리해야 하는 직원이 있는 사람이라고 정리하면 될까요? (참여자들이 동의함) 지금 주로 나온 이야기는 끼어 있는 사람, 책임은 주어지는데 권한이 명확하지 않은 사람. 관리라는 역할이 있는데 실제적인 업무도 맡아야 하는 상황도 있을 것 같고요. 또 있을까요?

참여자 D: 조직에서 역할이 가장 많은 사람이 중간관리자인 것 같아요. 상사에게는 팔로워 역할을, 부하 직원에게는 리더의 역할을, 동료에게는 파트너의 역할을 해야 하는….

참여자 E: 중간관리자는 조직의 허리인 것 같아요. 조직 전체를 보면서 우리 조직이 어떻게 나아가야 하는지를 리더와 소통하면서 조직의 방향을 만드는데 기여하는 사람이요.

… (중략) …

진행자: 그럼 이제부터 '한풀이 토크쇼'를 한번 만들어 보겠습니다. 반을 나눠서 한쪽은 영리 조직의 중간관리자, 다른 한쪽은 비영리 조직의 중간관리자의 역할이 되어서 고충을 말해 보는 겁니다. 그럼 모둠별로 모여서 각자의 캐릭터를 정하는 시간을 10분간 드릴게요. 한풀이 토크쇼가 시작되면 각자가 나의 소속과 신분을 말하고 내가 중간관리자로서 얼마나 힘든지를 이

야기할 예정입니다.

(10분 후)

진행자: 오늘 이 자리는 중간관리자의 고충을 말하는 자리입니다. 규칙은 '어떤 이야
기도 허용한다, 다른 사람에게 해결책을 제시하지 않는다, 너무 꼬치꼬치
캐묻지 않는다'입니다. 한 사람당 5분씩 시간을 드리겠습니다.

(참여자들은 각자 자신이 정한 역할이름표를 써서 가슴에 붙이고 말한다.)

김 국장: 저는 협회 사무국장이에요. 운영을 해야 하니까 돈도 필요하고, 관리도
해야 하는 그런 상황이에요. 위에는 협회장과 이사진들이 있는데 비영리
라서 그런지 운영에는 큰 관심이 없어요. 나는 조직을 운영해야 하니까
돈 얘기를 하면 나를 속물처럼 봐요.

이 팀장: 입사하고 12년차에 팀장을 달았어요. 요즘 힘든 게 본부장님은 성과를
쪼고, 팀원들은 너무 힘들다고 하고. 팀원 안에서도 어려운 사안은 선배
가 맡아 줘야 하는데 오히려 선배가 발을 빼고 있는 상황이에요. 어쩔
수 없이 저는 그 밑에 있는 친구에게 하자고 할 수밖에 없고, 그래도 안
되면 제가 직접 해야 하고. 이제 애도 가져야 하는데 팀장을 내려 놔야
하나 하는 고민이 들어요.

고 대리: 밑에 직원이 한 명 있어요. 완벽한 MZ세대. 저는 89년생이라 선배 세
대 문화도 익숙하고, 아래 세대 문화도 익숙해요. 무역업체라서 야근이
많은데 후배는 항상 칼퇴근을 해요. MZ세대 마음을 알기 때문에 그냥
저 혼자 야근을 해요.

윤 실장: 학원에서 수학을 가르치면서 15명의 선생님을 관리하고 있어요. 선생님들 관리가 너무 힘들어요. 애들이 떨어져 나가는데 관리도 안 하고. 매출이 떨어지면 원장한테 저만 쪼이고….

최 팀장: 20대 중반에 비영리 조직에 들어와서 지금 30대 중반의 팀장이에요. 조직을 만든 선배들은 사회운동 경력이 오래된 50대이고, 아래로는 이제 막 사회생활을 시작하는 친구들이라서 가치관 차이가 엄청나요. 선배들은 여전히 밤새 워크숍을 하면서 우리 조직의 비전과 가치에 대해 토론하고 싶어 하고, 20대 직원들은 내가 여기에 직장으로 왔지 운동하러 왔냐는 식이에요. 선배들 마음도 알겠고, 후배들 보면 진짜 불운한 세대라는 안타까운 마음도 들고… 내가 중간에서 왜 그런 모든 걸 감당해야 하는지 힘드네요.

박 대표: 지역사회운동단체에서 사무국장을 하다가 대표까지 됐어요. 운영위원회가 있는데 우리 조직이 너무 수평적이라서 의견들이 너무 강해요. 대표이지만 중간관리자처럼 모든 이야기를 다 들어 주고 중재해야 하는 입장이에요. 이름만 대표이지 최저임금도 못 받고 너무 힘들어요.

① 팀원과 관계에서의 고충

진행자: 첫 번째 주제로 '팀원들과의 관계'에 대해 이야기를 해 보도록 할게요. 팀원들과의 관계에서 어떤 고충들이 있나요?

김 국장: 경험도 없으면서 아는 척을 엄청 해요. 뭘 잘못하면 자기가 잘못한 게 아니래요. 너무 골치 아파서 결국 모든 일을 제가 하고 있어요. 한마디로 일할 줄도 모르면서 말만 많아요. 뭘 시키면서 그걸 설득하는 과정도 너무 힘들고….

이 팀장: 본인이 그냥 어렵다고 솔직하게 얘기하면 되는데 이 세대들은 솔직하게 얘길 안 해요. 왜 해야 됩니까라고 굉장히 합리적인 이유를 들어 질문합니다. 충분한 배경을 알면 할 수도 있겠다는 여지를 주는 거죠. 그래서 설명합니다. 그런데 이번엔 그걸 왜 제가 해야 됩니까라고 물으면 제가 턱 막혀요. 이걸요? 제가요? 왜요? 이런 식으로 물으니까. 직원들 업무 배분을 하기도 너무 어려워요.

최 팀장: 리더가 팀에 새로운 프로젝트를 주는데 그걸 거부할 수는 없거든요. 그런데 다들 기존의 업무들이 있잖아요. 누군가에게 이 일을 줘야 하는데 다 원하질 않죠. 결국 제가 할 수밖에 없는 일들이 쌓이고. 중간관리자라고 해서 업무가 없는 게 아니거든요. 남들은 팀장이 무능해서 내가 하고 있다고 하는데 그런 소리 들으면 환장해요.

김 국장: 사무실 커피머신 청소를 막내가 하는 건 타파해야 할 관습이라고 이야기하는데. 그럼 누가 해요?

고 대리: 신입 3명이 들어왔는데 2명이 퇴사했어요. 회식해도 1차 갔다가 2차는 안 가겠대요. 선배들은 2차가 본 게임이라고 그러고…. 저도 사직서를 썼다가 책상 서랍에 넣어 뒀어요. 선배와 후배가 융화되면 좋은데 모이면 대환장 파티로 끝날 때가 많아요.

진행자: 팀원들끼리도 갈등이 있을 수 있잖아요? 팀원들 간에 갈등이 생겼을 때 중간관리자의 고충은 무엇인가요?

… (중략) …

② 상급자와 관계에서의 고충

진행자: 팀원들이 해야 할 일까지 중간관리자가 떠맡아서 해야 하는 상황이라든지, 요즘 직원들이 너무 개인의 이익에 민감한 것, 중간관리자를 허수아비로 만들고 인정하지 않는 것 등등의 이야기가 중간관리자로서 팀원들과의 관계에서 어려운 점들로 나왔어요. 그렇다면 상급자와의 관계에서 중간관리자가 힘든 것은 무엇인가요?

김 국장: 협회장이 너무 일을 안 해요. 본인이 기부금을 좀 내 줄 수도 있는데 그것도 없고, 외부모임에도 안 나가고, 홍보도 안 하고….

윤 실장: 선생님들이 다른 학원으로 가지 않도록 인센티브 같은 것을 원장님이 고민해야 하는데 그런 고민이 없어요. 계속 매출 올리는 것에만 신경 쓰지….

고 대리: 무역업이라서 환율 변동이나 그런 것에 민감할 수밖에 없어요. 항상 주변 상황을 모니터해야 하는데 그런 게 직원들 입장에서는 너무 부담이죠. 카운터 파트너와의 술자리도 많고. 계속 피로함을 감내해야 하는 일들…. 어디까지 해야 하나 그런 생각이 자주 들어요.

최 팀장: 팀원 3명이랑 일하면서 너무 힘든데 상사들이 보기엔 그게 뭐 힘드냐면서 잘 관리하길 요구해요. 미치겠어요.

③ 중간관리자들 간 관계에서의 고충

진행자: 같은 중간관리자들끼리의 관계는 좀 어떤가요?

이 팀장: 가시적으로 드러나는 업무는 서로 가져가겠다고 하고, 백업 업무는 서로 나서질 않아요. 팀원들도 외부적으로 티 나는 업무를 했을 때 성취감을

느끼는데…,

④ 조직 외부 사람들과 관계에서의 고충

진행자: 조직 외부 사람들과의 관계에서 고충은 무엇인가요? 고객사도 있을 것이
고, 비영리 조직은 후원자들도 있고, 파트너 기관도 있을 텐데 그들과의
관계에서 중간관리자로서의 고충이 있다면요?

고 대리: 외부에서 들어오는 고충을 내부에 전달해야 하는 위치이죠. 그런데 그
게 받아들여지지 않는다면 중간에서 제가 잘못했다는 식이니….

윤 실장: 우리 팀장이 뭘 몰라서 그랬다는 식으로 중간관리자가 방패막일 때가
있죠.

이 팀장: 1차 방어막.

윤 실장: 그럴 때 내 충격은 누가 흡수해 주죠?

진행자: 중간관리자를 대표해서 같이 일하는 팀원이나 상급자에게 해 주고 싶은
말이 있다면 해 주세요.

이 팀장: 팀이 왜 팀이겠어. 같이해야 하는 부분도 있고, 매번 공정하기가 사실은
어려울 수도 있고. 하지만 최선을 다해서 공정하게 하려고 하니까 업무
가 주어지면 못하겠다, 안하겠다보다는 할 수 있는 방법을 먼저 생각해
보자.

윤 실장: 팀원님도 언젠가는 팀장이 될 거고. 팀장 입장에서 좀 생각해 줬으면 좋
겠어요. 그러면 나중에 본인이 팀장이 되서도 일을 더 잘할 수 있잖아요.

박 대표: 제가 회의할 때만큼은 여러분의 이야기를 충분히 들어 주려고 하니까

제발 좀 서로 이해하려고 노력했으면 좋겠어요. 지금 우리는 외부와 싸워야 하는 상황인데 제발 좀 서로 이해하고 도와줬으면 좋겠어요.

⑤ 역할 속에서 느낌 나누기

진행자: 오늘 한풀이쇼를 끝내면서 각자 한마디씩 해 주세요.

윤 실장: 오늘 다른 분들 이야기를 들어보니 제가 몰랐던 여러 고충이 많구나…. 저는 그래도 좀 덜 힘든 상황인가 싶기도 하네요.

고 대리: 영리 조직이나 비영리 조직이나 비슷한 고민을 하는구나. 사람들이 비슷한 갈등을 겪는다는 걸 느꼈어요.

이 팀장: 내가 이 정도 하는 건 좀 잘하고 있구나 하는 안도감이 느껴졌어요.

김 국장: 알고 보니 제가 실무에 강한 중간관리자이구나, 내가 조직에 애정이 많은 사람이구나 하는 걸 깨달았어요.

박 대표: 같이 참여하기가 좀 힘들었어요. 제가 있는 조직이 좀 특이하구나, MZ세대는 아예 안 들어오니까 한편으론 다행이고 좀 씁쓸하기도 하고….

최 팀장: 이렇게 같은 처지에 있는 분들과 만난 게 좋았어요.

⑥ 역할 털기

진행자: 이제 각자 맡은 역할이름표를 벽에 붙이면서 그 역할에서 벗어납니다.

(참여자들이 역할이름표를 벽에 붙인다.)

⑦ 나누기

진행자: 이 세션을 마무리하는 이야기를 돌아가며 하겠습니다.

참여자 A: 제가 그때 그 후배를 충분히 이해해 주지 못했다는 생각이 들었어요.

참여자 B: 각 조직에서 이런 고민들을 하는구나 알게 되었어요.

참여자 C: 중간관리자가 약하기만 한 게 아니라 힘이 있다는 생각이 들었어요.

참여자 D: 제가 아끼는 후배 팀장을 떠올리며 그의 역할을 해 본 건데요. 저는 그 후배에게 방법을 알려 주는 게 도움이 될 거라고 생각했는데 충분히 어려움을 하소연할 수 있게 해 주고, 힘들었겠구나 하는 말을 해 주고 싶다는 생각이 들었어요.

참여자 E: 고충을 이렇게 다 토해 냈는데 이제 어떻게 해결해야 할지….

참여자 F: 제 생각의 틀에서 벗어나 이런 일도 있을 수 있겠구나 하는 걸 느꼈어요. 답답한 각각의 상황에서 어떻게 문제를 해결했을지 궁금해요. 그런 것에 대해 이야기해 보면 실제 문제를 해결하는 데 아이디어를 얻을 수 있을 것 같아요.

🔆 (3) 대안

① 슬기로운 중간관리자 리더십 십계명

(참여자들이 역할이름표를 다시 가슴에 붙인다.)

진행자: 이제 여러분이 아이디어를 모아서 '슬기로운 중간관리자 리더십 십계명'을 만들어 보겠습니다. 아이디어는 막연한 이야기가 아니라 가능한 구체적인 행동 지표로 나와야 합니다. 각 모둠별로 10개씩 중간관리자 행동 지표를 합의해서 만들어 보세요.

(모둠별로 10개씩 행동 지표를 접착메모지에 작성해서 칠판에 붙인다.)

진행자: 여기 나온 메모지에 개인의 태도에 해당되는 것과 제도(시스템)와 관련된 것으로 구분해 볼까요?

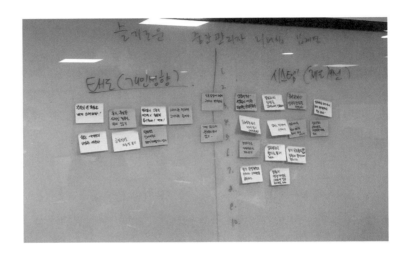

② 상급자와 팀원이 원하는 중간관리자의 리더십

진행자: 상급자가 원하는 중간관리자의 리더십은 어떤 것일지 각자 메모지에 작성해 보세요. 이번에는 팀원이 원하는 중간관리자의 리더십은 어떤 것일지 각자 메모지에 작성해 보세요.

(메모지를 칠판에 붙이고 비슷한 내용끼리 분류한다.)

진행자: 상급자와 팀원들이 여러분에게 이런 걸 요구하는 걸 보니까 어떤 기분이 드나요?

(참여자들이 중간관리자의 역할 속에서 기분을 이야기한다.)

진행자: 중간관리자로서 내가 동의하는 내용에 스티커를 붙여 보세요.

③ 중간관리자가 상급자와 팀원에게 원하는 태도와 행동

진행자: 중간관리자가 팀원과 상급자에게 원하는 태도와 행동을 메모지에 작성해
보세요.

(메모지를 칠판에 붙이고 비슷한 것끼리 분류한다.)

진행자: 각자 내가 원하는 것에 스티커를 붙이세요.

(4) 실천

진행자: 각자의 역할 속에서 상급자와 팀원들에게 원하는 것을 이야기한 후 이름
표를 칠판에 붙이고 들어가세요(역할 털기).

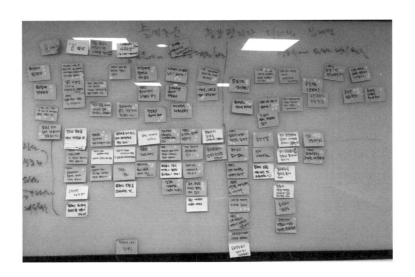

(5) 나누기

진행자: 오늘 워크숍에서 각자 가져가는 열매가 있다면 무엇인가요?

(각자 소감을 말한다.)

2 조직생활 소진 예방 워크숍(3시간)

(1) 동기

진행자: 오늘 워크숍이 끝나고 어떤 기분으로 돌아가면 좋을까요? 공통적인 것은 기분 나쁘지 않게 돌아가는 것. 이를 위해 다른 사람들에게 부탁하고 싶은 게 있다면 어떤 게 있을까요? 같이 규칙을 만들어 봅시다.

(참여자들이 자유롭게 이야기하면 이를 칠판에 받아 적는다.)

(존중하며 듣기, 다른 사람의 말에 반응하기, 집중하기, 안전한 경계 유지하기가 나왔다.)

진행자: 1과 2를 번갈아 가며 각자 번호를 붙여 보겠습니다. 1번이었던 사람들은 왼쪽으로, 2번이었던 사람들은 오른쪽으로 모여 보겠습니다. 각 모둠에는 여

기 나온 규칙과 반대되는 행동을 하는 사람들이 모여 있다고 가정하고, 워크숍에서 누가 발표해야 할지를 결정하는 회의를 하는 상황이라고 설정하겠습니다. 우선 모둠별로 회의 진행자를 뽑고 회의 장면을 보여 주는데, 저런 행동을 하면 안 되겠구나 하는 걸 보여 주는 게 목적입니다. 발표 시간은 2분이며, 정지 화면이 되면 다른 모둠에서 발표자들이 각각 어떤 역할이었는지를 맞히면 됩니다.

(모둠별로 모여서 회의 장면에 대해 잠시 이야기 나눈다.)

진행자: 준비가 되었다면 1 모둠부터 회의 장면을 보여 주시죠.

(1모둠이 회의하는 장면을 보여 주면 2모둠에서 어떤 행위 역할인지 맞힌다.)

참여자 A: (회의 중간에 전화받는 행동을 한다.)
참여자 B: (계속 딴짓을 한다.)
참여자 C: (다른 사람이 말하는데 중간에 말을 끊고 자기가 말한다.)
참여자 D: (옆 사람의 어깨에 손을 댄다.)

… (중략) …

진행자: 간단한 롤플레잉을 해 보았는데 어떠세요? 어렵지 않죠? 인지적인 것과 감각적인 것을 동시에 해 보는 것입니다. 정보들을 종합해서 몸으로 해 봄으로써 좀 더 기억에 남게 됩니다.

(2) 인식

① 번아웃된 사람의 상태 표현하기

진행자: 집단에서 누군가가 소진됐을 때 경험하게 되는 정신적·신체적·사회적
상태는 무엇일까요? 앉은 순서대로 번호 1, 2, 3을 반복해서 붙여 보죠.
같은 번호끼리 모여서 1모둠은 정신, 2모둠은 신체, 3모둠은 사회적 상태
에 대해 이야기를 나누겠습니다.

(10분 뒤)

진행자: (무대 가운데의 빈 의자를 가리키며) 여기에 김 씨가 있습니다. 지
금 번아웃 상태에요. 말할 기운도 없어요. 각 모둠에서 한 명씩 나와서 각
자가 이 사람의 정신적·신체적·사회적 역할자가 되어 자기가 얼마나 힘
든지를 말합니다.

(1그룹인 A, B, C는 김 씨의 정신적 역할을, 2그룹인 D, E, F는 김 씨의
신체적 역할을, 3그룹인 G, H, I는 김 씨의 사회적 역할을 맡았다.)

참여자 A: 아무것도 하기가 싫어요.

참여자 D: 앉아 있는 게 힘들어요.

참여자 G: 사람들에게 연락 오는 게 귀찮아요.

참여자 B: 울고만 싶어요.

참여자 E: 눈빛이 흐리멍텅하고 사람을 쳐다보지 않아요.

참여자 H: 직장 동료와 관계가 안 좋아서 점심시간이 괴로워요.

참여자 C: 깜빡깜빡 잘 잊어버려요.

참여자 F: 회의 중간에 심장이 터질듯이 뛰어서 힘들어요.

참여자 I: 사람들과 이야기하는 도중에 자꾸 딴 생각을 해요.

진행자: 지금 그 역할 속에서 드는 혼자만의 느낌이나 생각을 한마디씩 해 주세요, 혼잣말처럼.

(참여자들이 돌아가며 혼잣말을 한다.)

② 연령대별 번아웃 상황 표현하기

진행자: 여기에 번아웃 상태인 직장인 박 씨가 있다고 합시다. 박 씨의 나이를 1그룹은 20대, 2그룹은 30~40대, 3그룹은 50~60대라고 가정하기로 하죠. 성별, 결혼 여부, 직장 내 위치 등 박 씨의 캐릭터는 그룹에서 정하세요. 그룹별로 박 씨가 얼마나 힘든지, 왜 그럴 수밖에 없는지에 대해 이야기 나눠 보세요. 10분 뒤에 그룹별로 발표하겠습니다.

(10분 뒤)

진행자: 어느 그룹부터 발표하겠습니까? (2그룹이 손을 든다.) 네, 그럼 30~40대의 박 씨 이야기를 먼저 듣겠습니다.

참여자 B: 40대 과장이에요. 20대 후배들이 들어왔는데 이 후배들이랑 너무 안 맞아서 힘들어요.

참여자 E: 뭐라고 좀 하면 꼰대라고 하니까 후배들 앞에서 말도 제대로 할 수가 없어요.

참여자 H: 어느 날 후배들끼리 모여서 뒷담화하는 얘기를 우연히 듣고 엄청 충격 받았어요. 나는 나름대로 부서를 잘 챙기고 있다고 생각했는데, 후배들은 저를 인정하지 않고 있구나 하는 생각에….

… (중략) …

진행자: 이렇게 힘들어하는 나 자신에게 하고 싶은 말이 있다면?

참여자 B: 학교를 졸업하고 직장에 들어와서 열심히 일한 것밖에 없는데, 인생이 뭔지…. 나 자신이 측은해.

참여자 E: 너무 일만 쳐다보고 사니까 이런 결과가 왔지.

진행자: 감사합니다. 역할을 털고 자리로 돌아가시면 됩니다. 다음은 20대의 박 씨 (1그룹)가 나와서 이야기해 주세요.

참여자 A: 서울로 올라와서 일을 하고 있는데. 학자금 대출을 갚으면서 월세도 내면서 매일 빠듯하게 살다 보니 언제 좋아질까 하는 생각이 들어서 힘들어요.

참여자 D: 아버지는 실업 상태이고 엄마는 동생 학비를 대면서 나에게 큰 기대를 안고 생활비까지 요구하는 상황이에요. 친구들은 태어나면서 금수저인데 나는 매일 먹고사는 걱정뿐이에요.

참여자 G: 대학에 다닐 때는 공부를 열심히 했고 힘들게 노력해서 들어온 회사인데. 상사들이 쪼니까 너무 힘들어요. 그런데 이직하기도 힘들어요, 계속 다니자니 또 힘들고. 계속 일해도 정규직이 될 가능성도 없고. 과연 내 집을 마련할 수 있을지, 남자친구도 없고, 결혼은 할 수 있을지…. 아무 희망이 없어요.

진행자: 20대는 현실이 꿈꾸던 거랑 너무 다르고 그 절망감이 큰 것 같네요. 마지막으로 50~60대 박 씨 이야기(3그룹)를 듣겠습니다.

참여자 C: 기업의 임원이자 선망받는 기혼 남자 부장이에요. 후배들이 볼 때는 성공한 케이스예요. 그런데 더 이상 올라갈 때가 없다는….

참여자 F: 남들이 보기에는 멋있어 보이지만 사실은 그걸 유지하기 위해 엄청 노력하고 있어요. 힘든 티를 내서는 안 되기 때문에 그게 참 어려운 거죠. 그래서 늘 뭔가에 중독되어 있어요. 그게 술일 때도 있고, 담배일 때도 있고. 때로는 운동….

참여자 I: 매일 직원들과 반주를 하고 집에 가는데, 막상 집에 가면 집에서는 없는 사람 같아요. 가족과 공감대가 없어요. 아이들은 자기 방에서 나오

질 않고, 와이프는 학원비가 올랐다는 얘기만 하고 각방을 써요. 혼자 술 한잔 하고 잠들어요. 아침에 혼자 일어나서 6시에 출근하고. 모든 직원 중 가장 먼저 출근해요.

진행자: 이 사람은 지금 어떤 감정일까요?

참여자 C: 허탈감? 허무함?

참여자 F: 공허함.

참여자 I: 외로움.

진행자: 이렇게 세 집단에 대해서 이야기를 나눠 봤어요. 각자 역할을 다 털어 버리시고. 이 이야기를 나누면서 드는 개인적인 기분과 생각이 어떤가요?

(역할 털기를 한 참여자들이 각자 느낀 기분과 생각을 말한다.)

③ 중심 주제 다루기

진행자: 오늘 어떤 세대의 이야기를 다룰지 투표로 정하겠습니다. 손을 여러 번 들어도 상관없어요. 50~60대가 가장 많이 나왔네요. 그럼 1그룹은 임원급 정규직이고요, 2그룹은 평생을 비정규직으로 살아온 사람이고, 3그룹은 정규직으로 있다가 구조조정으로 중간에 나와서 비정규직으로 살고 있는 사람으로 캐릭터를 설정하겠습니다. 각 그룹에서는 그 사람의 24시간의 일상을 만들어서 보여 줍니다. 가족관계의 모습이나 직장에서의 모습, 대인관계 등 소진이 되면 일상에서 이런 모습이 드러나겠구나 하는 걸 보여 주는 게 목적이에요. 바닥을 오전 6시, 정오, 오후 6시, 밤 12시로 구분할

게요. 그 시간대에 서서 말로 설명하지 않고 그 사람의 상황을 보여 주기만 하면 됩니다. 모둠별로 각자 어떤 시간대를 표현할지 잠깐 이야기를 나누고 일상 보여 주기를 시작하겠습니다.

진행자: 그럼 50~60대 임원급의 소진된 일상부터 보여 주시죠.

(1그룹 참여자들이 오전 6시, 오후 6시, 밤 12시에 한 명씩 서 있으면서 시간대별로 상황을 표현한다.)

··· (중략) ···

💡 (3) 대안

진행자: 임원, 정규직, 비정규직 상황은 조금씩 다르지만 50~60대의 소진된 일상을 보았습니다. 그렇다면 50~60대의 소진은 사회문제로 봐야 할까요 아니면 개인의 문제로 봐야 할까요? 여기 바닥의 왼쪽 끝을 사회문제, 오른쪽 끝을 개인문제라고 하고 그 사이에 보이지 않는 선이 있다고 할 때 각자 생각하는 지점에 가서 서 보겠습니다.

(참여자들이 각자 생각하는 위치로 이동해서 선다.)

진행자: 각자 왜 그곳에 섰는지 이야기를 해 보죠.

(참여자들이 이야기한다.)

진행자: 모두 일대일로 만나면서 50~60대의 소진 예방을 위해 '개인에게는 이런 게 필요하다' 혹은 '사회적으로는 이런 게 필요하다'는 것을 말해 줍니다. 내가 말한 것을 상대방이 동의하면 그 내용을 접착메모지에 적어서 상대방에게 붙여 줍니다.

(참여자들이 서로 이야기를 나누고 상대방에게 접착메모지를 붙여 준다.)

진행자: 각자 자기가 받은 접착메모지을 칠판에 붙이는데, 개인적 노력과 사회적 노력으로 구분해서 붙여 주세요.

진행자: 이 이야기를 나누면서 들었던 생각이 있다면요?

참여자 A: 50~60대에게도 제2의 인생을 설계하는 프로그램이 제도적으로, 사회적으로 필요하다는 생각이 들었어요. 대기업이든, 중소기업이든, 개인사업을 하든 동등하게 좀 지원을 해 줬으면 좋겠다는….

참여자 B: 자기 자신에 대해 아는 것이 굉장히 중요하다는 생각이 많이 들었어요. 자기 자신을 제대로 알아야 변화를 가져올 수 있으니까….

참여자 C: 나의 변화가 사회 변화로 이어진다고 생각해요. 내가 어떤 마음을 가지고 사느냐에 따라서 사람이 충분히 바뀔 수도 있다는 생각이 들고. 아까 사회시스템에 대한 이야기를 많이 들었는데 나도 사회에 대해 관심을 좀 갖고 그런 눈을 열고 살아야겠다는 생각이 들었어요.

참여자 D: 저는 아까 개인의 문제라는 부분에 서 있었는데, 분명히 사회적 책임도 있죠. 그런데 소진이라는 상황을 자신이 이겨낼 수 있는 내적인 힘이 분명히 있다고 생각하고, 그걸 사회가 받쳐 줘야 하는 거죠.

참여자 E: 저는 사회적인 노력이 필요하다는 쪽의 이야기를 계속 했는데. 오늘 우리가 보여 준 모습이 우리 사회의 그림인 것 같고. 우리가 만나고 있는 사람들의 소진된 모습을 더 알아챌 수 있을 것 같아요.

💡 (4) 실천

진행자: 마지막으로 내가 지쳐 있을 때 듣고 싶은 말이 있다면 어떤 말인지 종이에 써 주세요. 내가 쓴 글이 보일 수 있게 종이를 들고 일대일로 만나면서 상대방이 듣고 싶은 말을 서로 해 줍니다.

(참여자들이 종이에 듣고 싶은 말을 써서 들고 다니며 상대방의 말을 읽어 준다.)

💡 (5) 나누기

진행자: 오늘 워크숍을 마치며 각자 느낀 점을 이야기하고 마무리하겠습니다.

(참여자들이 소감 나누기를 한다.)

3 헌법 기본권 워크숍(2시간씩 총 4회기)

단계	활동
동기	• 너-나-우리 연결하기: 오늘 기분, 취미 등으로 집단을 연결하기 • 헌법 기본권의 구조 살펴보기 • 내가 관심 있는 기본권으로 이동해서 그룹을 만들고 관련 헌법 조항을 찾아보고 전지에 개념 정리하기 • 그룹별로 각 기본권에 대해 다른 그룹에게 개념 설명하기
인식	• 가상 상황 설정: '우리 아파트에서는 더 이상 반려동물을 키울 수 없습니다'라는 공지사항이 아파트 게시판에 붙었다면? • 이 주제와 관련된 이해관계자 탐색하기, 역할 맡기 • 가상 주민 회의 장면 만들기
대안	• 주민들의 의견이 찬반으로 나뉜 상태에서 해결 방법이 '있다' '없다'로 각자 이동하기 • 어떤 해결 방법이 있을지 메모지에 작성하기
실천	• 주민약속문 함께 만들기
나누기	• 열매 나누기

(2) 2회기: 평등권

단계	활동
동기	• 무엇이 평등일까? 일어나서 서로에게 평등하게 인사하기 • 진행자가 여성 노인, 남자 노인, 아프리카인, 남자 교수, 시간강사, 비정규직 제조업 노동자, 정규직 사무직 노동자, 여성 장애인 등 역할이 적힌 메모지를 참여자들의 등에 하나씩 붙이기 • 참여자들은 자기 등에 어떤 역할이 붙어 있는지 모른 채 다른 사람들의 등에 붙은 역할을 보고 진행자의 질문에 따라 움직이기: "내가 이 사람과 같이 여행을 가면 도움을 많이 받을 것 같다고 생각되는 분의 뒤에 서세요." "내가 이 사람과 함께 커피를 마시면 기분이 좋아질 것 같다고 생각되는 분의 뒤에 서세요." "3명씩 좌석을 붙여 비행기를 타야 한다면 누구와 같이 탈지 3명씩 모이세요." 등 • 자신의 선택의 기준이 무엇이었는지에 대해 이야기 나누기 • 각자 등에 붙은 스티커를 떼어 어떤 역할이었는지 확인하고 느낌 말하기
인식	• 집단을 3개 그룹으로 만들고, 각각 지역사회/학교/식당에서 차별이 일어나는 상황극 만들기 • '남성 전용 게임방' 운영이라는 가상 상황에서 이해관계자 탐색하기 • 이해관계자 중에 원하는 역할을 맡아 상황극 만들기 • '법의 문제일까, 사회가 고민해 볼 문제일까, 업주나 손님의 주관적 이익의 문제일까?' 토론하기

3
헌법 기본권 워크숍(2시간씩 총 4회기)

대안	• 나도 모르게 사용하고 있는 차별이나 혐오의 말 찾기 • 일상에서 차별을 줄이거나 해결하기 위해 할 수 있는 실천 탐색하기
실천	• 내가 아프리카인이라면 어떻게 대해야 차별받지 않는다고 느낄까? • 내가 존중받고 있다는 느낌이 드는 말을 문장으로 말하기
나누기	• 열매 나누기

🔆 (3) 3회기: 자유권

단계	활동
동기	• 우리 사회는 개인의 자유가 얼마나 보장되고 있을까?(소시오메트리로 표현하기) • 책임이 뒤따르는 자유와 책임이 뒤따르지 않는 자유는 어떤 것일까?
인식	• 아파트 공용공간에서 일어났던 뉴스 공유하기 • 이때 이 개인의 행위는 자유인가 아닌가? • 인터넷에 올라온 사과문에 댓글이 달렸다면 어떤 내용일까?(말하는 댓글이 되어 각자 말로 표현하기) • 표현의 자유와 인권 침해: 인터넷 댓글은 어디까지 허용해야 할까?
대안	• '책임 있는 댓글문화 조성위원회'를 만든다면 어떤 사람들이 위원으로 참여하면 좋을까? • 원하는 역할을 맡아 위원회 회의 장면 만들기
실천	• 책임 있는 자유를 누리기 위한 나의 실천 말하기
나누기	• 열매 나누기

🔆 (4) 4회기: 사회권

단계	활동
동기	• 「헌법」 제34조(인간다운 생활을 할 권리) 같이 읽기 • 인간다운 생활이란 어떤 것인가? • 인간다운 삶과 관련된 욕구 탐색(라이프밸런스카드)

인식	• 우리 사회에서 인간다운 생활을 하지 못하고 있는 사람들이 있다면 누가 있을까? 각자 역할을 맡고, 왜 인간다운 생활을 하지 못하고 있는지 이야기하기 • 노인 일자리 관련 기사 읽기 • 나이 든 시민, 노동, 인간다운 생활을 주제로 이야기 나누기
대안	• 인간다운 생활의 보장을 위해 법과 제도가 바뀌어야 할 부분과 사회문화적으로 바뀌어야 할 부분 찾아보기
실천	• 개인의 실천 목록 만들기
나누기	• 열매 나누기

김현희, 고원석, 김윤주, 김희영, 손성현, 이동희, 이미숙, 이봉섭, 이영미, 최금
     례, 황헌영(2020). 교육 상담을 위한 비블리오드라마의 이론과 실제. 학지사.
남세진(1997). 역할놀이. 서울대학교출판부.
소셜디자이너두잉(2022). 민주인권기념관 연계 청년 대상 프로그램 개발. 민주
     화운동기념사업회.
소셜디자이너두잉(2023). 농촌형 성평등 강의 실전 Toolkit. 한국양성평등교육
     진흥원.
최대헌(2019). 드라마심리상담 지정연수 교재, 한국드라마심리상담협회.
최대헌, 이철민, 최춘희, 박유리(2018). 액션으로 즐기면서 배우는 헌법 기본권
     감수성. 한국드라마심리상담협회.
최헌진(2003). 사이코드라마: 이론과 실제. 학지사.

Blanter, A. (2007). 심리극으로의 초대(*Foundation of psychodrama*). (박희석,
     김광운, 이정희 공역). 시그마프레스.
Damasio, A. (2017). 데카르트의 오류−감성, 이성 그리고 인간의 뇌(*Descartes'
     error*). (김린 역). 눈출판그룹.
Dayton, T. (2011). 상담 및 집단치료에 활용하는 사이코드라마 매뉴얼(*The
     living stage: A step-by-step guide to psychodrama, sociometry and
     group therapy*). (김세준 역). 시그마프레스.
Deci, E. L., & Flaste, R. (2011). 마음의 작동법−무엇이 당신을 움직이는가(*Why*

we do what we do: Understanding self-motivation). (이상원 역). 에코
의서재.

James, L. M. (2012). 기억과 감정(*Memory and emotion*). (박소현, 김문수 공
역). 시그마프레스.

Kellermann, P. F., & Hudgins, M. K. (2008). 트라우마 생존자들과의 심리극
(*Psychodrama with trauma survivors: Acting out your plan*). (최대헌,
조성희, 이미옥 공역). 학지사.

Leveton, E. (2015). 소시오드라마와 드라마치료를 활용한 집단 트라우마 치유
(*Healing collective trauma using sociodrama and drama therapy*). (박
우진, 조성희, 최대헌, 강희숙, 신경애 공역). 시그마프레스.

Peter, A. L. (2020). 무언의 목소리(*In an unspoken voice*). (박수정, 유채영,
이정규 공역). 박영스토리.

Sternber, P., & Garcia, A. (2012). 사회극: 원리와 적용(*Sociodrama: Who's in
your shoes?*). (조성희, 김광운 공역). 학지사.

저자 소개

최대헌(Choi Dae Hyeun)   cdhun@hanmail.net

10대 때부터 연극집단에서 사회생활을 시작하였다. 〈금관의 예수〉라는 작품을 연출하고 좀 더 배우려고 실험극단에서 연출워크숍에 참여하였다. 이후 사이코드라마를 공부하면서 기존의 연극 연출 경험을 바탕으로 아동, 청소년, 청년, 중장년, 노년을 대상으로 학교, 기업, 지역사회, 교도소, 방송 등에서 상담, 치료, 교육, 코칭에서 롤플레잉을 적용하여 개인, 가족, 집단, 사회의 좋은 변화를 위하여 노력하고 있다. 현재 회복탄력성교육상담센터 대표와 한국드라마심리상담협 회장으로 활동하고 있으며, 롤플레잉의 확장을 위하여 소셜디자이너두잉에서 수석디자이너로 프로그램 개발에 몰입하고 있다. 출판한 책으로는 『사이코드라마 수퍼비전』, 『집단트라우마와 드라마치료』, 『인생질문사전』, 『라이프밸런스카드』, 『회상치료』 등이 있다. JTBC 〈이혼숙려캠프〉, EBS 〈달라졌어요〉, CBS 〈세바시〉 등에 출연했다.

오진아(Oh Jina)   dodani90@gmail.com

소셜디자이너두잉 대표, 노동조합, 정당, 국회, 지방의회, 마을공동체, 중간지원조직 등에서 일한 경험을 바탕으로 다양한 시민교육 현장에서 소통, 갈등관리, 의제 개발, 팀빌딩, 리더십 등을 주제로 롤플레잉을 활용한 워크숍을 진행하고 있다. 인생 후반전은 회복탄력성과 죽음준비교육을 전문으로 하는 롤플레잉 퍼실리테이터로 살아가고 싶어 회복탄력성지도사와 웰라이프지도사로도 활동하고 있다.

참여와 몰입의 기술
롤플레잉 퍼실리테이션
Roleplaying Facilitation

2025년 1월 15일 1판 1쇄 인쇄
2025년 1월 20일 1판 1쇄 발행

지은이 • 최대헌 · 오진아
펴낸이 • 김진환
펴낸곳 • ㈜**학지사**

04031 서울특별시 마포구 양화로 15길 20 마인드월드빌딩
대표전화 • 02-330-5114   팩스 • 02-324-2345
등록번호 • 제313-2006-000265호

홈페이지 • http://www.hakjisa.co.kr
인스타그램 • https://www.instagram.com/hakjisabook

ISBN 978-89-997-3308-6 93180

정가 15,000원

출판미디어기업 **학지사**

간호보건의학출판 **학지사메디컬** www.hakjisamd.co.kr
심리검사연구소 **인싸이트** www.inpsyt.co.kr
학술논문서비스 **뉴논문** www.newnonmun.com
교육연수원 **카운피아** www.counpia.com
대학교재전자책플랫폼 **캠퍼스북** www.campusbook.co.kr